SELECTED POEMS OF

Sahir Ludhianvi

With original Urdu text, Roman and Hindi transliteration and poetical translation into English

Poetry of

SAHIR LUDHIANVI

(Multilingual edition)

English transation by Khwaja Tariq Mehmood

Star, New Delhi

ISBN : 978-81-7650-030-2

1st Edition : 2000
5th Edition : 2022
8th Edition : 2025

Price : Rs. 425/-

Published by:
Star Publications Pvt. Ltd.
4/5-B, Asaf Ali Road
New Delhi - 110 002

Printed at : Adarsh Printers, Delhi-95

SELECTED POEMS OF

Sahir Ludhianvi

With original Urdu text, Roman and Hindi transliteration and poetical translation into English

کلامِ ساحرؔ لدھیانوی

साहिर लुध्यानवी

की शायरी

English translation by :

Khwaja Tariq Mahmood

IN THE SAME MULTILINGUAL SERIES

★ **DIWAN-E-GHALIB** Selections
★ Punjabi Poems of **AMRITA PRITAM**
★ Poems of **JOSH MALIHABADI**
★ Poetry of **SHAKEEL BADAUNI**
★ Poems of **SAHIR LUDHIANVI**
★ Poetry of **IQBAL**
★ Poetry of **BAHADUR SHAH ZAFAR**
★ Poetry of **FAIZ AHMED FAIZ**
★ Poetry of **QATEEL SHAFAI**
★ Selected Urdu Poetry of **WOMEN POETS**
★ Selections from **DIWAN-E-GHALIB**
★ Selected Poetry of **AHMAD FARAZ**

Published by

STAR

Star Publications Pvt. Ltd.
4/5 Asaf Ali Road, New Delhi-110 002

* * *

INDEX فہرست

TRIBUTE FROM THE PUBLISHER:

It has been my good fortune that I published almost all the poetical collections of Sahir Ludhianvi right since 1958, and had the privilege of being a very close and confident friend to the poet from 1957 till 1980.

Just a few days before Sahir Ludhianvi passed away, He expressed his wish to publish English collection of his poems. And I feel very much elated, indeed gratified, that today I have been able to fulfil poet's last wish, though after twenty years of his death.

This compilation is a personal tribute from an humble friend to a great poet, and my heartiest gratitude is due to Khwaja Tariq Mahmood who has translated over 60 of Sahir Ludhianvi's poems into English. And that has enabled me to bring out this anthology. This is a unique presentation as it includes the original URDU text with ROMANISED and Hindi transliteration and poetical translation into English.

Sahir Ludhianvi was a great poet of Urdu, who would get the credit of popularising Urdu poetry among common people.

I hope that readers will accept this multilingual collection of the most memorable poems of Sahir Ludhianvi, which will remain alive for years to come.

Sahir Ludhianvi, whose real name was Abdul Hai, passed away on 25th October 1980 at the age of 60. Just a few years before his death, he had written a poem under the title "Alvidaa" (Farewell), which was included in a film. I conclude my tribute with that poem:.

FAREWELL:	الوداع
You keep your world, o worldly folk !	لو اپنا جہاں دنیا والو
I leave this world, from the world I part	ہم اس دنیا کو چھوڑ چلے
The bonds and links I had nurtured	جو رشتے ناطے جوڑے تھے
Those bonds and links now come apart	وہ رشتے ناطے توڑ چلے

Some pleasant dreams I took to heart	کچھ سکھ کے سپنے دیکھ چلے
Some pains and pangs pierced as a dart	کچھ دکھ کے صدمے جھیل چلے
Whatever capricious fate ordained	تقدیر کی اندھی گردش نے
Like a puppet, I played my part	جو کھیل کھلائے کھیل چلے
I have handed back what I got at start	ہر چیز تمھیں لوٹا دی ہے
Noting I take with me, nothing to impart	ہم لے کے نہیں کچھ ساتھ چلے
Don't you fend for me, o friends	پھر دوش نہ دینا اے لوگوں
Behold me, empty handed, depart	ہمیں دیکھ لو خالی ہاتھ چلے
On this lone some course I trek	یہ راہ اکیلی کٹتی چلے
All alone, I bear my cross	یہاں ساتھ نہ کوئی یار چلے
Who knows what lies yonder across	اس پار نہ جانیں کیا پائیں
Though all is abandoned here, alas !	اس پار تو سب کچھ ہار چلے

New Delhi.
October 25, 2000

-Amarnath Varma

دنیا نے تجربات و حوادث کی شکل میں
جو کچھ مجھے دیا ہے وہ لوٹا رہا ہوں میں

The world in the form of challenges and experiments
Whatever has given me, I return with compliments

duniyā ne tajurbata-o-havadisa kī śakala maiṃ
jo kucha mujhe diyā hai voh lauṭā raha hūṃ maiṃ

दुनिया ने तजुर्बात–ओ–हवादिस की शकल में
जो कुछ मुझे दिया है वोह लौटा रहा हूं मैं

پل دو پل کا شاعر....

میں پل دو پل کا شاعر ہوں، پل دو پل میری کہانی ہے
پل دو پل میری ہستی ہے، پل دو پل میری جوانی ہے

مجھ سے پہلے کتنے شاعر آئے اور آکر چلے گئے
کچھ آہیں بھر کر چلے گئے، کچھ نغمے گا کر چلے گئے

وہ بھی اک پل کا قصہ تھے، میں بھی اک پل کا قصہ ہوں
کل تم سے جدا ہو جاؤں گا، گو آج تمہارا حصہ ہوں

پل دو پل میں کچھ کہہ پایا، اتنی ہی سعادت کافی ہے
پل دو پل تم نے مجھ کو سنا، اتنی ہی عنایت کافی ہے

کل اور آئیں گے نغموں کی کھلتی کلیاں چننے والے
مجھ سے بہتر کہنے والے، تم سے بہتر سننے والے

* * *

TRANSIENT POET

I am a transient poet. momentary is my tale to tell
A fleeting moment or two my life, My youth is a momentary spell

Countless poets preceded me, and they proceeded to depart
Some had left with a heavy heart, some delighted with their part

They were with us for a while, I, too, am with my moment beguile
Tomorrow I'll be out of style, though today I am in style

I availed some moments to recite, I am gratified aright
You listened to me for a moment or two, I thank as well I might

More will come to amuse tomorrow, to be mused with their poetry diverse
Better listeners will appreciate their rectation of better verse.

* * *

pal do pal kā śhāyar....

maiṃ pala do pala kā śāira hūṃ, pala do pala merī kahānī hai
pala do pala merī hastī hai, pala do pala merī javānī hai

mujha se pahale kitane śāyara āye aura ākara cale gaye
kucha āheṃ bhara kara cale gaye, kucha nag̱hame gākara cale gaye

vaha bhī ika pala kā qissā the, maiṃ bhī ika pala kā qissā hūṃ
kala tuma se judā hojāuṃgā, go āja tumhārā hissā hūṃ

pala do pala maiṃ kucha kaha pāyā itanī hī saādata kāfī hai
pala do pala tūma ne mujha ko sunā, itanī hī ināyata kāfī hai

kala aura āyeṅge nag̱hamoṃ kī khilatī kaliyāṃ cunne vāle
mujha se behatara kahane vāle, tūma se behatara sunne vāle

✹ ✹ ✹

पल दो पल का शायर....

मैं पल दो पल का शाईर हूं, पल दो पल मेरी कहानी है
पल दो पल मेरी हसती है, पल दो पल मेरी जवानी है

मुझ से पहले कितने शायर आए और आकर चले गये
कुछ आहें भर कर चले गये, कुछ नग़मे गाकर चले गये

वह भी इक पल का क़िस्सा थे, मैं भी इक पल का क़िस्सा हूं
कल तुम से जुदा हो जाऊँगा, गो आज तुम्हारा हिस्सा हूं

पल दो पल मैं कुछ कह पाया, इतनी ही सआदत काफ़ी है
पल दो पल तुम ने मुझ को सुना, इतनी ही इनायत काफ़ी है

कल और आयेंगे नग़मों की खिलती कलियां चुनने वाले
मुझ से बेहतर कहने वाले, तुम से बेहतर सुनने वाले

* * *

تاج محل

تاج تیرے لئے اک مظہر الفت ہی سہی
تجھ کو اس وادیٔ رنگین سے عقیدت ہی سہی
میری محبوب کہیں اور ملا کر مجھ سے

بزم شاہی میں غریبوں کا گزر کیا معنی
ثبت جس راہ میں ہوں سطوت شاہی کے نشاں
اس پہ الفت بھری رہزن کا سفر کیا معنی
میری محبوب پس پردہ تشہیر وفا
تو نے سطوت کے نشانوں کو تو دیکھا ہوتا
مردہ شاہوں کے مقابر سے بہلنے والی
اپنے تاریک مکانوں کو تو دیکھا ہوتا
ان گنت لوگوں نے دنیا میں محبت کی ہے
کون کہتا ہے کہ صادق نہ تھے اُن کے جذبے
لیکن اُن کے لئے تشہیر کا سامان نہیں
کیونکہ وہ لوگ بھی اپنی ہی طرح مفلس تھے

TAJ MAHAL

Taj Mahal may be, for you, a symbol of love professed
For this weird habitat may be, you are so obsessed
O my beloved ! find for me another place for rendezvous

In the royal parlour is for the commoner a clear message
That on the fair avenues, which bear the royal holy writ
That where the angels fear to tread, mere mortals have no passage
O my beloved ! in the maze of royal byzentian enticement
O that you are amused and bemused by the royal entombment
You should have discerned the web of monumental deception
You should have remembered your elemental inception
Countless people in the world showed their measure of affection
Who can say that they were not true to their assertion
But they were without the means to blow their trumpet of devotion
They were destitute of means, but never without emotion

Tāj Mahal

tāja tere lie eka mazahara-e-ulafata hī sahī
tujha ko isa vādī-e-raṅgīna se aqīdata hī sahī
mere mehabūba kahīṃ aura milā kara mujha se.

bazama-e-śāhī meṃ g̲h̲arībom kā guzara kiyā māīnī
sabta jisa rāha meṃ hoṃ satūta śāhī ke niśāna
usa pe ulafata bharī rahazana kā safara kiyā māīnī
merī mehabūba pase pardā taśahīra vafā
tūne satūta ke niśānoṃ ko to dekhā hotā
murdā śāhoṃ ke maqābira se behalane vālī
apane tārīka makānoṃ ko to dekhā hotā
anaginata laugoṃ ne duniyā meṃ mauhabbata kī hai
kauna kahatā hai ke sādiqa na the una ke jazabe
lekina una ke liye taśahīra kā sāmāna nahīṃ
kyoṅke vaha tauga bhī apanī hī taraha mufalisa the

ताज महल

ताज तेरे लिए एक मज़हर–ए–उलफ़त ही सही
तुझ को इस वादी–ए–रंगीन से अक़ीदत ही सही
मेरे मेहबूब कहीं और मिला कर मुझ से !

बज़म–ए–शाही में ग़रीबों का गुज़र किया माईनी
सब्त जिस राह में हों सतूत शाही के निशान
उस पे उलफ़त भरी रहज़न का सफ़र किया माईनी
मेरी मेहबूब पसे पर्दा तशहीर वफ़.
तूने सतूत के निशानों को तो देखा होता
मुर्दा शाहों के मक़ाबिर से बहलने वाली
अपने तारीक मकानो को तो देखा होता
अनगिनत लोगों ने दुनिया में मौहब्बत की है
कौन कहता है के सादिक़ न थे उन के जज़्बे
लेकिन उन के लिये तशहीर का सामान नहीं
क्योंके वह लौग भी अपनी ही तरह मुफ़लिस थे

یہ عمارات و مقابر یہ فصیلیں یہ حصار
مطلق الحکم شہنشاہوں کی عظمت کے ستوں
سینۂ دہر کے ناسور ہیں کہنہ ناسور
جذب ہے ان میں ترے مرے اجداد کا خوں

میری محبوب! انہیں بھی تو محبت ہو گی
جن کی صناعی نے بخشی ہے اسے شکل جمیل
ان کے پیاروں کے مقابر رہے بے نام و نمود
آج تک ان پہ جلائی نہ کسی نے قندیل
یہ چمن زار یہ جمنا کا کنارا، یہ محل
یہ منقش در و دیوار یہ محراب یہ طاق
اک شہنشاہ نے دولت کا سہارا لے کر
ہم غریبوں کی محبت کا اڑایا ہے مذاق!

میری محبوب کہیں اور ملا کر مجھ سے

* * *

The edifices, the mausoleums, the ramparts so benign

These are the manifestations of aristocracy's grand design

On the face of earth are they unearthly ancient eyesore

They are built on toil and sweat of generations of yore

O my beloved ! They indeed must have loved to nurture

Who by their labours endowed such beauty to architecture

But their near and dear have no tombs or any sculpture

Not an earthen lamp is lit to shine on their sepulchre

This garden manicured on Jamuna, this palatial abode

This embellished dome and arch, beauty of line and mode

A potentate, with wealth of state has mocked we humble folk

Though over love for our own kindred is same as he bestowed

O my beloved ! Find for me another place for rendezvous !

✸ ✸ ✸

yaha imīrāta-va-maqābira ye fasīleṃ ye hisāra

matalaqa-ula-hukma śahanaśāhoṃ kī azamata ke sutūṃ

sīnā-e-dahara ke nāsūra haiṃ kahate nāsūra

jajba heṃ una meṃ tere mere ijadāda kā kh̲ūna

merī mahabūba. inheṃ bhī to mauhabbata hogī

jina kī sanāī ne bakh̲aśī hai use śakla-e-jamīla

una ke piyāroṃ ke maqābira rahe be nāma namūda

āja tā ina para jalāī na kisī ne qandīla

ye camana zāra ye jamanā kā kinārā, ye mahala

ye munakqaśa dara-o-dīvāra ye maharāba ye tāqa

ika śahanaśāha ne daulata kā sahārā le kara

hama gh̲arīboṃ kī mauhabbata kā uḍāyā hai mazāqa

merī mahabūba kahīṃ aura milā kara mujha se

✹ ✹ ✹

यह इमारात–व–मक़ाबिर ये फ़सीलें ये हिसार
मतलक़–उल–हुक्म शहनशाहों की अज़मत के सुतूं
सीना–ए–दहर के नासूर हैं कहते नासूर
जज़्ब हें उन में तेरे मेरे इजदाद का ख़ून

मेरी महबूब ! इन्हें भी तो मौहब्बत होगी
जिन की सनाई ने बख़शी है उसे शक्ल–ए–जमील
उन के पियारों के मक़ाबिर रहे बे नाम नमूद
आज तक इन पर जलाई न किसी ने क़न्दील
ये चमन ज़ार ये जमना का किनारा, ये महल
ये मुनक़्क़श दर–ओ–दीवार ये महराब ये ताक़
इक शहनशाह ने दौलत का सहारा ले कर
हम ग़रीबों की मौहब्बत का उड़ाया है मज़ाक़

मेरी महबूब कहीं और मिला कर मुझ से

* * *

شاہکار

مصور میں ترا شاہکار واپس کرنے آیا ہوں

اب ان رنگین رخساروں میں تھوڑی زردیاں بھر دے
جواب آلود نظروں میں ذرا بے باکیاں بھر دے

لبوں کی بھیگی سلوٹوں کو مضمحل کر دے
نمایاں رنگ پیشانی پہ عکسِ سوزِ دل کر دے

تبسّم آفریں چہرے میں کچھ سنجیدہ پن بھر دے
جوان سینے کی مخروطی اٹھانیں سرنگوں کر دے

گھنے بالوں کو کم کر دے، مگر رخشندگی دے دے
نظر سے تمکنت لے کر مذاقِ عاجزی دے دے

مگر ہاں بینچ کے بدلے اسے صوفے پہ بٹھلا دے
یہاں میری بجائے اک چمکتی کار دکھلا دے

• • •

MASTERPIECE

O artist ! I have come to return your masterpiece

In the rosy cheeks now, put some colouring pale
In the languid, bashful eyes, put some florid detail

Show the saturated lips a shade nervous and impovrished
Show on forehead just a hint that heart within is ravished

let the mona lisa smile be replaced by seriousness
Youthfulness of body may not betray sensuosness

Dense tresses be shown sparse, though not to suggest harness
Shedding from the eyes vanity, depict banalaty in harness

But yes , instead of a stool is beloved on a sofa ensconced
Instead of me is a car beside, so prestige is enhanced

✸ ✸ ✸

śhahkār

musavvira maiṃ terā śāhakāra vāpasa karane āyā hūṃ

aba ina raṅgīna rukhasāroṃ meṃ thoḍī zaradiyāṃ bharade
hijāba ālūda nazaroṃ meṃ zarā be bākiyāṃ bharade

laboṃ kī bhīgī silavaṭoṃ ko muzamahala karade
numāyāṃ raṅga paiśānī pe akse soza-e-dila karade

tabassuma āfarīna cehare meṃ kucha sañjīdā pana bharade
javāṃ sīne kī makharūtī uṭhāte sara nagū karade

ghane bāloṃ ko kama karade, magara rakhaśanadagī dede
nazara se tamakinata le kara mazāqa ājazī dede

magara hāṃ benca ke badale use sofe pe biṭhalā de
yahaṃ merī bajāye ika camakatī kāra dikhalā de

* * *

शाहकार

मुसव्विर मैं तेरा शाहकार वापस करने आया हूं

अब इन रंगीन रुख़सारों में थोड़ी ज़रदियां भरदे
हिजाब आलूद नज़रों में ज़रा बे बाकियां भरदे

लबों की भीगी सिलवटों को मुज़महल करदे
नुमायां रंग पैशानी पे अक्से सोज़–ए–दिल करदे

तबस्सुम आफ़रीन चेहरे में कुछ संजीदा पन भरदे
जवां सीने की मख़रूती उठाएँ सर नम करदे

घने बालों को कम करदे, मगर रख़शनदगी देदे
नज़र से तमकिनत से कर मज़ाके आजज़ी देदे

मगर हां बेन्च के बदले उसे सोफ़े पे बिठला दे
यहां मेरी बजाये इक चमकती कार दिखला दे

* * *

کبھی کبھی....

کبھی کبھی مرے دل میں خیال آتا ہے

کہ زندگی تری زلفوں کی نرم چھاؤں میں
گزرنے پاتی تو شاداب ہو بھی سکتی تھی
یہ تیرگی جو مری زیست کا مقدر ہے
تری نظر کی شعاعوں میں کھو بھی سکتی تھی

عجب نہ تھا کہ میں بیگانۂ الم ہو کر
ترے جمال کی رعنائیوں میں کھو رہتا
ترا گداز بدن، تیری نیم باز آنکھیں
انہی حسین فسانوں میں محو ہو رہتا

پکارتیں مجھے جب تلخیاں زمانے کی
ترے لبوں سے حلاوت کے گھونٹ پی لیتا
حیات چیختی پھرتی برہنہ سر اور میں
گھنیری زلفوں کے سایہ میں چھپ کے جی لیتا

SOME TIMES....

Some times in my heart I wonder pensively

That my life with you could well have blossomed, bloomed
Under the cooling shades of your dark tresses
and the bleakness with which, I have now been doomed
Could well have been alleviated by your warm caresses

Would that I could lose by self, away from woldly woes
Lost in your world of beauty, beatific and beatified
In your warm embrace, in your lotus eyes of grace
As one hypnotic case, I would have been petrified

When the world's bitterness beckoned and agitated me
From your sweet lips I could drink deep
World could throw its challenge unabashed for me
Under your friendly tresses, a refuge I would keep

kabhī-kabhī....

kabhī-kabhī mere dila meṃ khayāla atā hai

kī zindagī terī zulafoṃ kī narma chāṃva meṃ
guzarane pātī to śādāba ho bhī sakatī thī
ye teragī jo merī zīsta kā muqadadara hai
terī nazara kī śuāoṃ meṃ kho bhī sakatī thī

ajaba nā tha ke maiṃ bagānā alama hokara
tere jamāla kī raināiyoṃ meṃ kho rahatā
terā gadāza badana, terī nīma-bāza āṃkheṃ
inahīṃ hasīna fasānoṃ meṃ mahava ho rahatā

pukāratīṃ mujhe jaba talakhiyāṃ zamāne kī
tere laboṃ se halāvata ke ghūṇṭa pī letā
hayāta cīkhatī phiratī sahara birahinā sara aura maiṃ
ghānerī zulfoṃ ke sāye meṃ chupa ke jī letā

कभी कभी....

कभी कभी मेरे दिल में ख़याल आता है

कि ज़िन्दगी तरी ज़ुलफ़ों की नर्म छांव में
गुज़रने पाती तो शादाब हो भी सकती थी
ये तेरगी जो मेरी ज़ीसत का मुक़द्दर है
तेरी नज़र की शुआओं में खो भी सकती थी

अजब न था के मैं बेगाना अलम होकर
तेरे जमाल[६] की रैनाइयों में खो रहता
तेरा गदाज़ बदन, तेरी नीम–बाज़ आंखें
इन्हीं हसीन फ़सानों में महव हो रहता

पुकारतीं मुझे जब तलख़ियां ज़माने की
तेरे लबों से हलावत के घूंट पी लेता
हयात चीख़ती फिरती बिरहिना सर और में
घनेरी ज़ुलफ़ों के साये में छुप के जी लेता

مگر یہ ہو نہ سکا اور اب یہ عالم ہے
کہ تو نہیں ترا غم، تری جستجو بھی نہیں
گذر رہی ہے کچھ اس طرح زندگی جیسے
اسے کسی کے سہارے کی آرزو بھی نہیں

زمانے بھر کے دکھوں کو لگا چکا ہوں گلے
گذر رہا ہوں کچھ انجانی رہگزاروں سے
عجیب سائے مری سمت بڑھتے آتے ہیں
حیات موت کے پر حول خارزاروں سے

نہ کوئی جادہ نہ منزل نہ روشنی کا چراغ
بھٹک رہی ہے خلاؤں میں زندگی میری
انہی خلاؤں میں رہ جاؤں گا کبھی کھو کر
میں جانتا ہوں مری ہم نفس، مگر یونہی
کبھی کبھی مرے دل میں خیال آتا ہے

* * *

But this is not what was ordained, and now I am disdained

You are not around to be found, your sorrow to confound

The life is ticking by, though by itself deranged

No will to seek for help, or a support to surround

I perforce embraced the woes of world indeed

I am trekking tracks that are unbeknown

Dismal shadows, on their own, threateningly proceed

In my direction, to disown, from the twilight zone

There in hardly any track and vision is a blur

My life is ranging aimless, rudderless in the void

I shall soon be lost in space, no hope to bestir

O my beloved, resigned to a fate, I am unable to avoid

Some times in my heart I wonder pensively

* * *

magara ye ho na sakā aura aba ye ālama hai

aki tū nahiṃ terā g<u>h</u>ama, terī justajū bhī nahīṃ

guzara rahī hai kucha isa taraha zindagī jaise

use kisī ke sahāre kī ārzū bhī nahīṃ

zamāne bhara ke dukhoṃ ko lagā cukā hūṃ gale

guzara rahā huṃ kucha anjānī rāhaguzāroṃ se

ajība sāe merī simta baḍhte āte haiṃ

hayāta mauta ke purahola <u>kh</u>ārazāroṃ se

na koi jādā, na mañzila, na rośanī kā cirāg<u>h</u>a

bhaṭaka rahī hai <u>kh</u>alāauṃ zindagī merī

inahī <u>kh</u>alāoṃ meṃ raha jāuṃgā kabhī khokara

maiṃ jānatā hūṃ mairī nafasa, mahara yoṃ hī

kabhī kabhī mere dila meṃ <u>kh</u>ayāla ātā hai

✸ ✸ ✸

मगर ये हो न सका और अब ये आलम है
कि तू नहीं तेरा ग़म, तेरी जुस्तजू भी नहीं
गुज़र रही है कुछ इस तरह ज़िन्दगी जैसे
उसे किसी के सहारे की आर्ज़ू भी नहीं
ज़माने भर के दुखों को लगा चुका हूं गले
गुज़र रहा हूं कुछ अन्जानी राहगुज़ारों से
अजीब साए मेरी सिम्त बढ़ते आते हैं
हयात मौत के पुरहोल ख़ारज़ारों से
न कोइ जादा, न मंज़िल,न रोशनी का चिराग़
भटक रही है ख़लाओं में ज़िन्दगी मेरी
इनही ख़लाओं में रह जाउंगा कभी खोकर
मैं जानता हूं मेरी नफ़स, मगर यों ही
कभी कभी मेरे दिल में ख़याल आता है....

* * *

یہ کوچے....

یہ کوچے یہ نیلام گھر دلکشی کے
یہ لٹتے ہوئے کارواں زندگی کے
کہاں ہیں کہاں وہ محافظ خودی کے
ثناخوانِ تقدیس مشرق کہاں ہیں

یہ پر پیچ گلیاں، یہ بے خواب بازار
یہ گمنام راہی یہ سکوّں کی جھنکار
یہ عصمت کے سودے یہ سودوں پہ تکرار
ثناخوانِ تقدیسِ مشرق کہاں ہیں؟

تعفن سے پر نیم، روشن یہ گلیاں
یہ مسلی ہوئی ادھ کھلی زرد کلیاں
یہ بکتی ہوئی کھوکھلی رنگ رلیاں
ثناخوانِ تقدیسِ مشرق کہاں ہیں؟

یہ بھوکی نگاہیں حسینوں کی جانب
یہ بڑھتے ہوئے ہاتھ سینوں کی جانب
لپکتے ہوئے پاؤں زینوں کی جانب
ثناخوانِ تقدیس مشرق کہاں ہیں؟

BROTHELS

These alleys, these auction houses of pleasure
Plunder of life's caravan and treasure
Whither sentinels of honour and its measure
Where are the eulogists of eastern values of sanctity?

These winding lanes, these bustling arenas of loss of innocence
These anonymous patrons, with surfeit of pound and pence
These bargains of virginity, haggling of cents and sense
Where are the eulogists of eastern values of sanctity?

These streets with bright lights, also reeking of stench
These rumpled, ruined buds, no flowering of youth to quench
These hollow nocturnal revelpies, in return for money to drench
Where are the eulogists of eastern values of sanctity?

These hungry leering looks, eyeing the beauty with zest
These aggresive hands, stretching to greet the breast
These eager shuffling feet, climbing the stairs abreast
Where are the eulogists of eastern values of sanctity?

yeh kuche....

ye kuce ye nīlāṃaghara dilakaśī ke
ye luṭate huye kāravāṃ zindagī ke
kahāṃ haiṃ kahāṃ muhāfiza k̲h̲udī ke
sanāk̲h̲avāna-e-taqadīsa maśariqa kahāṃ haiṃ?

ye pura-paica galiyāṃ, ye be-k̲h̲uvāba bāzāra
ye gumanāma rāhī, ye sikkoṃ kī jhankāra
ye asamata ke saude, ye saudoṃ pe takarāra
sanāk̲h̲avāna-e-taqadīsa maśariqa kahāṃ haiṃ?

tāfana se pura-nīma rośana ye galiyāṃ
ye masalī huī adha-khilī zarda kaliyāṃ
ye bikatī huī khokhalī raṅga raliyāṃ
sanāk̲h̲avāna-e-taqadīsa maśariqa kahāṃ haiṃ?

ye bhūkī nigāheṃ hasīnoṃ kī jāniba
ye baḓhate huye hātha sīnoṃ kī jāniba
lapakate huye pāṃva zīnoṃ kī jāniba
sanāk̲h̲avāna-e-taqadīsa maśariqa kahāṃ haiṃ?

यह कूचे....

ये कूचे ये नीलामघर दिलकशी के
ये लुटते हुये कारवां ज़िन्दगी के
कहां हैं कहां मुहाफ़िज़ ख़ुदी के
सनाख़वान–ए–तक़दीस मशरिक़ कहां हैं ?

ये पुर–पैच गलियां, ये बे–ख़ुवाब बाज़ार
ये गुमनाम राही, ये सिक्कों की झन्कार
ये असमत के सौदे, ये सौदों पे तकरार
सनाख़वान–ए–तक़दीस मशरिक़ कहां है ?

ताफ़न से पुर नीम रोशन ये गलियां
ये मसली हुई अध खिली ज़र्द कलियां
ये बिकती हुई खोखली रंग रलियां
सनाख़वान–ए–तकदीस मशरिक़ कहां हैं ?

ये भूकी निगाहें हसीनों की जानिब
ये बढ़ते हुये हाथ सीनों की जानिब
लपकते हुये पांव ज़ीनों की जानिब
सनाख़वान–ए–तक़दीस मशरिक़ कहां हैं ?

ذرا ملک کے رہبروں کو بلاؤ
یہ گلیاں ، یہ کوچے، یہ منظر دکھاؤ
ثناخوانِ تقدیسِ مشرق کو لاؤ
ثناخوانِ تقدیسِ مشرق کہاں ہیں؟

* * *

You may just invite the country's leading lights
To show them these alleys, these lanes and streets for sights
Who eulogise the eastern values to their lofty heights
Where are the eulogists of eastern values of sanctity?

* * *

zarā mulka ke rahabaroṃ ko bulāo
ye galiyaṃ, ye kūce, ye manzara dikhāo
sanā<u>kh</u>avāna-e-taqadīsa maśariqa ko lāo
sanā<u>kh</u>avāna-e-taqadīsa maśariqa kahāṃ haiṃ?

* * *

ज़रा मुल्क के रहबरों को बुलाओ
ये गलियां, ये कूचे, ये मन्ज़र दिखाओ
सनाख़वान–ए–तक़दीस मशरिक़ को लाओ
सनाख़वान–ए–तक़दीस मशरिक़ कहां हैं ?

* * *

یہ دنیا....

یہ محلوں، یہ تختوں، یہ تاجوں کی دنیا
یہ انساں کے دشمن سماجوں کی دنیا
یہ دولت کے بھوکے رواجوں کی دنیا
یہ دنیا اگر مل بھی جائے تو کیا ہے

ہر اک جسم گھائل، ہر اک روح پیاسی
نگاہوں میں الجھن، دلوں میں اداسی
یہ دنیا ہے، یا عالم بدحواسی
یہ دنیا اگر مل بھی جائے تو کیا ہے

یہاں اک کھلونا ہے انساں کی ہستی
یہ بستی ہے مردہ پرستوں کی بستی
یہاں پر تو جیون سے ہے موت سستی
یہ دنیا اگر مل بھی جائے تو کیا ہے

جوانی بھٹکتی ہے بدکار بن کر
جواں جسم سجتے ہیں بازار بن کر
یہاں پیار ہوتا ہے بیوپار بن کر
یہ دنیا اگر مل بھی جائے تو کیا ہے

THIS WORLD

This world with palatial places, jewelled crowns and throne
This world with society's enemies, all goodness to disown
This world with antiquated customs, abundence of wealth to own
Is this world worth any thing, for anyone to own?

every one is half dead, every soul in dread
Vision is in confusion, a loss of feeling kindred
Is it a living world , or is it a prison instead
Is this world worth any thing, for anyone to own?

Here, a life is no more precious than even a plaything
This habitat of people, who with shadows cling
Oh, death is cheaper here, than a mere shoestring
Is this world worth any thing, for anyone to own?

Youth is a captive pawn, up for evil sale
Youthful bodies are presented, caparisoned in dresses pale
here is lust, rather than love, being allowed to prevail
Is this world worth any thing, for anyone to own?

yeh duniyā....

yaha mahaloṃ, yaha takhatoṃ, yaha tājoṃ kī duniyā
yaha insāṃ ke duśmana samājoṃ kī duniyā
yaha dolata ke bhūke rivājoṃ kī duniyā
yaha aduniyā agara mila bhī jāye to kyā hai?

hara ika jisma ghāyala, hara ika rūha pyāsī
nigāhoṃ meṃ ulajhana, diloṃ meṃ udāsī
yaha duniyā hai yā ālama-e-badahavāsī
yaha duniyā agara mila bhī jāye to kyā hai?

yahāṃ ika khilonā hai insāṃ kī hastī
yaha bastī hai murdā prastoṃ kī bastī
yahāṃ para to jīvana se hai mauta sastī
yaha duniyā agara mila bhī jāye to kyā hai?

javānī bhaṭakatī hai badakāra bana kara
javāṃ jisma sajate heṃ bāzāra bana kara
yahāṃ pyāra hotā hai byaupāra bana kara
yaha duniyā agara mila bhī jāye to kyā hai?

यह दुनिया....

यह महलों, यह तख़्तों, यह ताजों की दुनिया
यह इन्साँ के दुश्मन समाजों की दुनिया
यह दौलत के भूके रिवाजों की दुनिया
यह दुनिया अगर मिल भी जाये तो क्या है ?

हर इक जिस्म घायल, हर इक रूह प्यासी
निगाहों में उलझन, दिलों में उदासी
यह दुनिया है या आलम–ए–बदहवासी
यह दुनिया अगर मिल भी जाये तो क्या है ?

यहां इक खिलोना है इन्साँ की हस्ती
यह बस्ती है मुर्दा–प्रसतों की बस्ती
यहां पर तों जीवन से है मौत सस्ती
यह दुनिया अगर मिल भी जाये तो किया है ?

जवानी भटकती है बदकार बन कर
जवाँ जिस्म सजते हैं बाज़ार बन कर
यहां प्यार होता है ब्यौपार बन कर
यह दुनिया अगर मिल भी जाये तो किया है ?

یہ دنیا جہاں آدمی کچھ نہیں ہے
وفا کچھ نہیں دوستی کچھ نہیں ہے
جہاں پیار کی قدر ہی کچھ نہیں ہے

یہ دنیا اگر مل بھی جائے تو کیا ہے

جلا دو اسے پھونک ڈالو یہ دنیا
مرے سامنے سے ہٹالو یہ دنیا
تمہاری ہے تم ہی سنبھالو یہ دنیا

یہ دنیا اگر مل بھی جائے تو کیا ہے

* * *

This world where man is of hardly any consequence
loyalty and fealty are of hardly any significance
Where love is not respected, is treated even with indeifference
Is this world worth any thing, for anyone to own?

You put to torch this world, you blów to dust this world
Remove it from in front of me, oh you must, this world
This is just your world, you handle just, this world
Is this world worth any thing, for anyone to own?

* * *

yaha duniyā jahāṃ ādamī kucha nahīṃ hai
vafā kucha nahīṃ, daustī kucha nahīṃ hai
jahāṃ pyāra kī qadara hī kucha nahīṃ hai
yaha duniyā agara mila bhī jāye to kiyā hai?

jalā do ise phūṅka ḍālo yaha duniyā
mere sāmane se haṭālo yaha duniyā
tumhārī hai tumhīṃ sambhālo yaha duniyā
yaha duniyā agara mila bhī jāye to kyā hai?

यह दुनिया जहां आदमी कुछ नहीं है
वफ़ा कुछ नहीं, दोस्ती कुछ नहीं है
जहां प्यार की क़दर ही कुछ नहीं है
यह दुनिया अगर मिल भी जाये तो क्या है ?

जला दो इसे फूँक डालो यह दुनिया
मेरे सामने से हटालो यह दुनिया
तुम्हारी है तुम्हीं सम्भालो यह दुनिया
यह दुनिया अगर मिल भी जाये तो किया है ?

* * *

تُم نہ جانے....

تُم نہ جانے کس جہاں میں کھو گئے
ہم بھری دنیا میں تنہا ہو گئے
موت بھی آتی نہیں
آس بھی جاتی نہیں
دل کو یہ کیا ہو گیا
کوئی شے بھاتی نہیں
لُوٹ کر میرا جہاں
چھپ گئے ہو تم کہاں
تُم نہ جانے کس جہاں میں کھو گئے
ایک جاں اور لاکھ غم
گھٹ کے رہ جائے نہ دم
آؤ تم کو دیکھ لیں
ڈُوبتی نظروں سے ہم
لُوٹ کر میرا جہاں
چھپ گئے ہو تم کہاں
تُم نہ جانے کس جہاں میں کھو گئے
ہم بھری دنیا میں تنہا ہو گئے

* * *

WHERE ARE YOU....

We are at a loss, where in the world you are lost
Left alone, on our own, we in the world are lost

Unobliging death has become
Hope is still not overcome
What has happened to this heart
Around itself it does not come
Having plundered my domain
Where are you hiding in disdain

We are at a loss, where in the world you are lost

One tiny soul and million woes
It may be choked, as it goes
O come, permit another remit
With zestful eyes in restful pose
Having plundered my little domain
Where are you hiding in disdain

We are at a loss where in the world you are lost
Left alone, on our own, we in the world are lost

* * *

tum na jāne....

tuma na jāne kisa jahāṃ meṃ kho gaye
hama bharī duniyā meṃ tanhā ho gaye

mauta bhī ātī nahīṃ
āsa bhī jātī nahīṃ
dila ko yaha kyā ho gayā
koī śai bhātī nahīṃ
lūṭa kara merā jahāṃ
chupa gaye ho tuma kahāṃ

tuma na jāne kisa jahāṃ meṃ kho gaye

eka jāṃ aura lākha g̱hama
ghuṭa ke raha jāe na dama
āo tuma ko dekha leṃ
ḍūbatī nazaroṃ se hama
lūṭa kara merā jahāṃ
chupa gaye ho tuma kahāṃ

tuma na jāne kisa jahāṃ meṃ kho gaye
hama bharī duniyā meṃ tanhā ho gaye

* * *

तुम न जाने....

तुम न जाने किस जहां में खो गये
हम भरी दुनिया में तन्हा हो गये
मौत भी आती नहीं
आस भी जाती नहीं
दिल को यह क्या हो गया
कोई शै भाती नहीं
लूट कर मेरा जहां
छुप गये हो तुम कहां
तुम न जाने किस जहां में खो गये
एक जाँ और लाख ग़म
घुट के रह जाए न दम
आओ तुम को देख लें
डूबती नज़रों से हम
लूट कर मेरा जहां
छुप गये हो तुम कहां
तुम न जाने किस जहां में खो गये
हम भरी दुनिया में तन्हा हो गये

* * *

برسات کی رات

زندگی بھر نہیں بھولے گی وہ برسات کی رات
ایک انجان حسینہ سے ملاقات کی رات

ہائے وہ ریشمی آنچل سے برستا پانی
پھول سے گالوں پہ رکنے کو ترستا پانی

دل میں طوفان اٹھائے ہوئے جذبات کی رات
زندگی بھر نہیں بھولے گی وہ برسات کی رات

ڈر کے بجلی سے اچانک وہ لپٹنا اُس کا
اور پھر شرم سے بل کھا کے سمٹنا اُس کا

کبھی دیکھی نہ سنی ایسی طلسمات کی رات
زندگی بھر نہیں بھولے گی وہ برسات کی رات

سُرخ آنچل کو دبا کر جو نچوڑا اُس نے
دل پہ جلتا ہوا اک تیر سا چھوڑا اُس نے

آگ پانی میں لگاتے ہوئے حالات کی رات
زندگی بھر نہیں بھولے گی وہ برسات کی رات

میرے نغموں میں جو بستی ہے وہ تصویر تھی وہ
نوجوانی کے حسیں خواب کی تعبیر تھی وہ

آسمانوں سے اتر آئی تھی جو رات کی رات
زندگی بھر نہیں بھولے گی وہ برسات کی رات

* * *

RAINY NIGHT

How on earth can one forget that rainy season night
To meet a damsel unbeknown, that stranger than reason night

Ah! the rain pouring, dripping from the silken tassels
Droplets on the rost cheeks, just pausing in their hassels

Heart within tumultuos, on such at empestuous night
How through life can I forget that rainy season night

Frightened by lightning flash, she was suddenly clinging tight
And modestly then curled to withdraw, as well she might

Never could one conjure up in dream, such a voluptuous night
How through life can I forget that rainy season night

Pressing her hand, she wrung out dry her crimson raiment
She pierced my heart by a flaming dart of sheer enchantment

She set the aqua pure on fire, on a rumbustious night
How on earth can I forget that rainy season night

The one who lives in my lyrics, she was the image persistent
In the pleasant dream of youth, she was that interpretation consistent

She literally had descended from heaven on a sensuous night
How through life can I forget that rainy season night

● ● ●

barsāt kī rāt

zindagī bhara nahīṃ bhūlegī vaha barasāta kī rāta
eka anjāna hasīnā se mulāqā.. kī rāta

hāye vaha reśmī āṃcala se barasatā pānī
phūla se gāloṃ pe rūkane ko tarasatā pānī

dila meṃ tufāna uṭhāye huye jazabāta kī rāta
zindagī bhara nahīṃ bhūlegī vaha barasāta kī rāta

ḍara ke bijalī se acānaka vaha lipaṭanā usakā
aura aphira śarma se bala khāke simaṭanā usakā

kabhī dekhī na sunī aisī tilasamāta kī rāta
zindagī bhara nahīṃ bhūlegī vaha barasāta kī rāta

surk͟ha āṃcala ko dabā kara jo nicoḍ̂ā usa ne
dila pe jalatā huā ika tīra sā choḍ̂ā usa ne

āga pānī meṃ lagāte huye hālāta kī rāta
zindagī bhara nahīṃ bhūlegī vaha barasāta kī rāta

mere nag͟hamoṃ meṃ jo basatī hai vaha tasavīra thī vaha
naujavānī ke hasīna k͟havāba kī tābīra thī 'aha

āsamāṃ se utara āī thī jo rāta kī rāta
zindagī bhara nahīṃ bhūlegī vaha barasāta kī rāta

● ● ●

बरसात की रात

ज़िन्दगी भर नहीं भूलेगी वह बरसात की रात
एक अन्जान हसीना से मुलाक़ात की रात
हाये वह रेश्मी आंचल से बरसता पानी
फूल से गालों पे रूकने को तरसता पानी
दिल में तूफ़ान उठाये हुये जज़बात की रात
ज़िन्दगी भर नहीं भूलेगी वह बरसात की रात
डर के बिजली से अचानक वह लिपटना उसका
और फिर शर्म से बल खाके सिमटना उसका
कभी देखी न सुनी ऐसी तिलसमात की रात
ज़िन्दगी भर नहीं भूलेगी वह बरसात की रात
सुर्ख़ आंचल को दबा कर जो निचोड़ा उस ने
दिल पे जलता हुआ इक तीर सा छोड़ा उस ने
आग पानी में लगाते हुये हालात की रात
ज़िन्दगी भर नहीं भूलेगी वह बरसात की रात
मेरे नग़मों में जो बसती है वह तसवीर थी वह
नौजवानी के हसीन ख़्वाब की ताबीर थी वह
आसमाँ से उतर आई थी जो रात की रात
ज़िन्दगी भर नहीं भूलेगी वह बरसात की रात

• • •

وہ صبح....

وہ صبح کبھی تو آئے گی

ان کالی صدیوں کے سر سے جب رات کا آنچل ڈھلکے گا
جب دکھ کے بادل پگھلیں گے، جب سکھ کا ساغر چھلکے گا
جب امبر جھوم کے ناچے گا، جب دھرتی نغمے گائے گی
وہ صبح کبھی تو آئے گی

جس صبح کی خاطر جگ جگ سے ہم سب مر مر کے جیتے ہیں
جس صبح کے امرت کی دھن میں ہم زہر کے پیالے پیتے ہیں
ان بھوکی پیاسی روحوں پر اک دن تو کرم فرمائے گی
وہ صبح کبھی تو آئے گی

مانا کہ ابھی تیرے میرے ارمانوں کی قیمت کچھ بھی نہیں
مٹی کا بھی ہے کچھ مول، مگر انسانوں کی قیمت کچھ بھی نہیں
انسانوں کی عزت جب جھوٹے سکوں میں نہ تولی جائے گی
وہ صبح کبھی تو آئے گی

دولت کے لئے جب عورت کی عصمت کو نہ بیچا جائے گا
چاہت کو نہ کچلا جائے گا۔ عزت کو نہ بیچا جائے گا
اپنے کالے کرتوتوں پر جب یہ دنیا شرمائے گی
وہ صبح کبھی تو آئے گی

THAT DAWN....

That dawn will usher in sblime, somehow, sometime

When after benighted centuries, realm of darkness will gounder
When cups of peace will be exulting, clouds of sorrow rent asunder
When heave, will whirl and twirl, the earth with mirth will chime
That dawn will usher in somehow, sometime

For the dawn that, for decades, we nurtured with our blood
For the dawn that we cherished, and willingly waded the flood
These impoverished souls will one day be rewarded betimes
That dawn will usher in sublime, somehow, sometime

Admitted, our aspirations are as yet not to be weighed in gold
Earthly elements have their hold, though earthlings are undersold
When dignity of human beings will not be treated as if a dime
That dawn will usher in sublime, somehow, sometime

When for money, the honour of women will not be put at stare
Love will not be meant for sale, respect no one will for sake
When the world will be put to shame for its ugly crime
That dawn will usher in sublime, somehow, sometime

• • •

voh subah....

vaha subaha kabhī to āyegī

ina kālī sadiyoṃ ke sara se jaba rāta kā āṃcala ḍhalakegā
jaba dukha ke bādala pighaleṅge, jaba sukha kā sāg̲hara chalakegā
jaba ambara jhūma ke nācegā, jaba dharatī nag̲hame gāyegī
vaha subaha kabhī to āyegī

jisa subaha kī k̲hātira juga-juga se hama saba mara-mara ke jīte haiṃ
jisa subaha ke amṛta kī dhuna meṃ hama zahara ke pyāle pīte haiṃ
ina bhūkhī piyāsī rūhoṃ para ika dina to karama faramāyegī
vaha subaha kabhī to āyegī

mānā ke abhī tere mere aramānoṃ kī qīmata kucha bhī nahīṃ
miṭaṭī kā bhī hai kucha mola, magara inasānoṃ kī qīmata kucha bhī nahīṃ
insānoṃ kī ijzata jaba jhūṭhe sikkoṃ meṃ na tolī jāyegī
vaha subaha kabhī to āyegī

daulata ke aliye jaba aurata kī asamata ko na becā jāyegā
cāhata ko na kucalā jāyegā, ijzata ko na becā jāyegā
apane kāle karatūtoṃ para jaba yaha duniyā śaramāyegī
vaha subaha kabhī to āyegī

* * *

वह सुबह....

वह सुबह कभी तो आयेगी
इन काली सदियों के सर से जब रात का आंचल ढलकेगा
जब दुख के बादल पिघलेंगे, जब सुख का साग़र छलकेगा
जब अम्बर झूम के नाचेगा, जब धरती नग़मे गायेगी
वह सुबह कभी तो आयेगी
जिस सुबह की ख़ातिर जुग–जुग से हम सब मर मर के जीते हैं
जिस सुबह के अमृत की धुन में हम ज़हर के प्याले पीते हैं
इन भूखी प्यासी रूहों पर इक दिन तो करम फ़रमायेगी
वह सुबह कभी तो आयेगी
माना के अभी तेरे मेरे अरमानों की क़ीमत कुछ भी नहीं
मिट्टी का भी है कुछ मोल, मगर इन्सानों की क़ीमत कुछ भी नहीं
इन्सानों की इज़्ज़त जब झूठे सिक्कों में न तोली जायेगी
वह सुबह कभी तो आयेगी
दौलत के लिये जब औरत की असमत को न बेचा जायेगा
चाहत को न कुचला जायेगा, इज़्ज़त को न बेचा जायेगा
अपने काले करतूतों पर जब यह दुनिया शरमायेगी
वह सुबह कभी तो आयेगी

• • •

* * *

وہ صبح ہمیں سے آئے گی

جب دھرتی کروٹ بدلے گی جب قید سے قیدی چھوٹیں گے

جب پاپ گھروندے پھوٹیں گے جب ظلم کے بندھن ٹوٹیں گے

اس صبح کو ہم ہی لائیں گے، وہ صبح ہمیں سے آئے گی

وہ صبح ہمیں سے آئے گی

منحوس سماجی ڈھانچوں میں جب ظلم نہ پالے جائیں گے

جب ہاتھ نہ کاٹے جائیں گے جب سر نہ اچھالیں جائیں گے

جیلوں کے بنا جب دنیا کی سرکار چلائی جائے گی

وہ صبح ہمیں سے آئے گی

سنسار کے سارے محنت کش کھیتوں سے ملوں سے نکلیں گے

بے گھر، بے در، بے بس انساں تاریک بلوں سے نکلیں گے

دنیا امن اور خوشحالی کے پھولوں سے سجائی جائے گی

وہ صبح ہمیں سے آئے گی

• • •

✻ ✻ ✻

That dawn we will bestir !

When mother earth will turn around, no prisons fr prisoners to surround
When sin no longer will compound, when tyranny no longer will confound
We will herald that dawn profound, that dawn we will bestir
That dawn we will bestir !

In the antiquated social norm, tyranny will be replaced by reform
When hands will not be amputatad, no exections to perform
With the help of prisons out dated, the rulers will not deter
That dawn we will bestir !

Universal workers will unite, with their labours will redeem
The homeless, the helpless, out of darkness, will arise in esteem
The world will celebrate enjoy, hopelessness will not recur
That dawn we will bestir !

● ● ●

✵ ✵ ✵

vaha subaha hamīṃ se āyegī

jaba dharatī karavaṭa badalegī jaba qaida se qaidī chūṭeṅge
jaba pāpa gharonde phūṭeṅge jaba zulma ke bandhana ṭūṭeṅge
usa subaha ko hama hī lāyeṅge, vaha subaha hamīṃ se āyegī
vaha subaha hamīṃ se āyegī

manahūsa samājī ḍhāñcoṃ meṃ jaba zulma na pāleṃ jāyeṅge
jaba hātha na kāṭe jāyeṅge jaba sara na uchāle jāyeṅge
jeloṃ ke binā jaba duniyā kī sarakāra calāī jāyegī
vaha subaha hamīṃ se āyegī

saṃsāra ke sāre mahanatakaśa khetoṃ se miloṃ se nikaleṅge
be ghara, be dara, be basa insāṃ tārīka biloṃ se nikaleṅge
duniyā amana aura k͟huśahālī ke phūloṃ se sajāī jāyegī
vaha subaha hamīṃ se āyegī

● ● ●

✵ ✵ ✵

वह सुबह हमीं से आयेगी

जब धरती करवट बदलेगी जब क़ैद से क़ैदी छूटेंगे
जब पाप घरोन्दे फूटेंगे जब जुल्म के बन्धन टूटेंगे
इस सुबह को हम ही लायेंगे, वह सुबह हमीं से आयेगी
वह सुबह हमीं से आयेगी

मनहूस समाजी ढाँचों में जब जुल्म न पालें जायेंगे
जब हाथ न काटे जायेंगे जब सर न उछाले जायेंगे
जेलों के बिना जब दुनिया की सरकार चलाई जायेगी
वह सुबह हमीं से आयेगी

संसार के सारे महनतकश खेतों से मिलों से निकलेंगे
बे घर, बे दर, बे बस इन्साँ तारीक बिलों से निकलेंगे
दुनिया अमन और खुशहाली के फूलों से सजाई जायेगी
वह सुबह हमीं से आयेगी

• • •

یہ جنگ کیوں ہے ؟

خدائے برتر، تری زمین پر ، زمین کی خاطر یہ جنگ کیوں ہے
ہر ایک فتح و ظفر کے دامن میں خونِ انساں کا رنگ کیوں ہے

زمین بھی تیری ہے، ہم بھی تیرے ہیں، یہ ملکیت کا سوال کیا ہے
یہ قتل و خوں کا رواج کیوں ہے ، یہ رسم جنگ و جدال کیا ہے
جنہیں طلب ہے جہان بھر کی، انھیں کا دل اتنا تنگ کیوں ہے
خدائے برتر تری زمیں پر زمیں کی خاطر یہ جنگ کیوں ہے

غریب ماؤں، شریف بہنوں کو امن و عزت کی زندگی دے
جنہیں عطا کی ہے تونے طاقت، انھیں ہدایت کی روشنی دے
سروں میں کبر و غرور کیوں ہے، دلوں کے شیشے پہ زنگ کیوں ہے
خدائے برتر تری زمیں پر، زمین کی خاطر جنگ کیوں ہے

قضا کے رستے پہ جانے والوں کو بچ کے آنے کی راہ دینا
دلوں کے گلشن اجڑ نہ جائیں، محبتوں کو پناہ دینا
جہاں میں جشنِ وفا کے بدلے یہ جشنِ تیر و تفنگ کیوں ہے
خدائے برتر تری زمین پر زمین کی خاطر یہ جنگ کیوں ہے

* * *

WHY THIS WAR ?

O God almighty! why on earth, war is waged for earth's sake
Why is every victor's garment coloured with human blood in wake

As earth is yours, as we are yours, what is this question of possession
Why this cult of bloody tumult, what is this war as a profession
For those seeking the whole world, why their heart is narow and fake
O God almighty! why on earth, war is waged for earth's sake

For honour and peace of mothers and sisters, let their lives not be haunted
For those endowed by you with power, let wisdom may also be granted
Why heads are full of vanity, why is sanity much at sake
O God almighty! why on earth, war is waged for earth's sake

For those walking the destined path, their passage safe you make
Let hearts not be devastated, give the love much needed break
Why instead of fidlity's feast, this celebration of treacherous intake
O God almighty! why on earth, war is waged for earth's sake

* * *

yeh jaṅg kiyon hai ?

k̲h̲udā-e-baratara, terī zamīna para, zamīna kī k̲h̲ātira yaha jaṅga kyoṃ hai
hara eka fataha-va-zafara ke dāmana meṃ k̲h̲ūna-e-insāṃ kā raṅga kyoṃ hai

zamīna bhī terī hai, hama bhī tere haiṃ, yaha malakiyata kā savāla kyā hai
yaha qatla-o-k̲h̲ūna kā rivāja kyoṃ hai, yaha rasame jaṅga-o-jidāla kyā hai
jinheṃ talaba hai jahāna bhara kī, unhīṃ kā dila itanī taṅga kyoṃ hai
k̲h̲ūdā-e-baratara, terī zamīna para, zamīna kī k̲h̲ātira yaha jaṅga kyoṃ hai

g̲h̲arība māoṃ, śarīfa bahanoṃ ko amana-o-ijzata kī zindagī de
jinheṃ atā kī hai tū ne tāqata, unheṃ ahidāyata kī rośanī de
siroṃ meṃ kibra-o-g̲h̲urūra kyoṃ hai, diloṃ ke śīśe meṃ zaṅga kyoṃ hai
k̲h̲udā-e-baratara, terī zamīna para, zamīna kī k̲h̲ātira yaha jaṅga kyoṃ hai

qazā ke rasate pe jāne vāloṃ ko baca ke āne kī rāha denā
diloṃ ke gulaśana ujaḋa na jāeṃ, muhabbatoṃ ko panāha denā
jahāṃ meṃ jaśna-e-vafā ke badale yaha jaśna-e-tīra-o-tafaṅga kyoṃ hai
k̲h̲udā-e-baratara, terī zamīna para, zamīna kī k̲h̲ātira yaha jaṅga kyoṃ hai

● ● ●

यह जंग क्यों है?

खुदा–ए–बरतर, तेरी ज़मीन पर, ज़मीन की ख़ातिर यह जंग क्यों है
हर एक फ़तह–व–ज़फ़र के दामन में ख़ून–ए–इन्साँ क़ा रंग क्यों है

ज़मीन भी तेरी है, हम भी तेरे है, यह मलकियत का सवाल क्या है
यह क्तल–ओ–ख़ून का रिवाज क्यों है, यह रसमे जंग–ओ–जिदाल क्या है
जिन्हें तलब हे जहान भर की, उन्हीं का दिल इतना तंग क्यों है
खुदा–ए–बरतर, तेरी ज़मीन पर, ज़मीन की ख़ातिर यह जंग क्यों है

ग़रीब माओं, शरीफ़ बहनों को अमन–ओ–इज़्ज़त की ज़िन्दगी दे
जिन्हें अता की हे तू ने ताक़त, उन्हें हिदायत की रोशनी दे
सिरों में किब्र–ओ–गुरूर क्यों है, दिलों के शीशे पे ज़ंग क्यों है
खुदा–ए–बरतर, तेरी ज़मीन पर, ज़मीन की ख़ातिर यह जंग क्यों है

क़ज़ा के रसते पे जाने वालों को बच के आने की राह देना
दिलों के गुलशन उजड़ न जाएँ, मुहब्बतों को पनाह देना
जहाँ में जश्न–ए–वफ़ा के बदले यह जश्न–ए–तीर–ओ–तफ़ंग क्यों है
खुदा–ए–बरतर, तेरी ज़मीन पर, ज़मीन की ख़ातिर यह जंग क्यों है

● ● ●

جائیں تو جائیں کہاں

جائیں تو جائیں کہاں
سمجھے گا کون یہاں
درد بھرے دل کی زباں
جائیں تو جائیں کہاں

مایوسیوں کا مجمع ہے جی میں
کیا رہ گیا ہے اس زندگی میں
روح میں غم، دل میں دھواں
جائیں تو جائیں کہاں

ان کا بھی غم ہے، اپنا بھی غم ہے
اب دل کے بچنے کی امید کم ہے
ایک کشتی، سو طوفاں
جائیں تو جائیں کہاں

* * *

Where To Go....

Where in the world a refuge to find
As we are here undermined
Who will fathom our sorepressed mind
Where in the world a refuge to find

Heart is smothered with hopelessness
Life is bothered with helplessness
Soul is in daily grind, heart is in a bind
Where in the world a refuge to find

For our beloved, we are snared, for ourselves, we are scared
No hope that heart will now be spared
For one sail, one hundred gales to entwind
Where in the world a refuge to find

* * *

jāyen to jāyen kahān ?

jāyeṃ to jāyeṃ kahāṃ
samajhegā kauna yahāṃ
darda bhare dila kī zubāṃ
jāyeṃ to jāyeṃ kahāṃ

māyūsiyoṃ kā majamā hai jī meṃ
kyā raha gayā hai isa zindagī meṃ
rūha meṃ g̲hama, dila meṃ dhuvāṃ
jāyeṃ to jāyeṃ kahāṃ

una kā bhī g̲hama hai, apanā bhī g̲hama hai
aba dila ke bacane kī ummīda kama hai
eka kiśtī, sau tūfāṃ
jāyeṃ to jāyeṃ kahāṃ

* * *

जायें तो जायें कहाँ ?

जायें तो जायें कहाँ
समझेगा कौन यहाँ
दर्द भरे दिल की ज़ुबाँ
जायें तो जायें कहाँ

मायूसियों का मजमा है जी में
क्या रह गया है इस ज़िन्दगी में
रूह में ग़म, दिल में धुवाँ
जायें तो जायें कहाँ

उन का भी ग़म है, अपना भी ग़म है
अब दिल के बचने की उम्मीद कम है
एक किश्ती, सौ तूफ़ाँ
जायें तो जायें कहाँ

* * *

خوبصورت موڑ

چلو اک بار پھر سے اجنبی بن جائیں ہم دونوں

نہ میں تم سے کوئی امید رکھوں دلنوازی کی
نہ تم میری طرف دیکھو غلط انداز نظروں سے
نہ میرے دل کی دھڑکن لڑکھڑائے میری باتوں سے
نہ ظاہر ہو تمہاری کشمکش کا راز نظروں سے

تمہیں بھی کوئی الجھن روکتی ہے پیش قدمی سے
مجھے بھی لوگ کہتے ہیں کہ یہ جلوے پرائے ہیں
مرے ہمراہ بھی رسوائیاں ہیں میرے ماضی کی
تمہارے ساتھ بھی گذری ہوئی راتوں کے سائے ہیں

تعارف روگ ہو جائے تو اُس کو بھولنا بہتر
تعلق بوجھ بن جائے تو اُس کو توڑنا اچھّا
وہ افسانہ جسے انجام تک لانا نہ ہو ممکن
اسے اک خوبصورت موڑ دے کر چھوڑنا اچھا

چلو اک بار پھر سے اجنبی بن جائیں ہم دونوں

• • •

BEAUTIFUL CROSSROADS

Come, let the two of us become strangers once again

Not that I should entertain a hope for your kindred aptitude
Not that you should look at me with an inviting attitude
not that my heart exude excitement by my platitude
Not that your eyes betray, and upon your secrets they intrude

May be you have misgivings in the way of your exuberance
People also tell me that the signals are of no significance
My past misdemeanours with me are a cause for disturbance
You are also living in the shadow of your acqueiscence

If acquaintanceship becomes trouble some, then better to forget
If friendship becomes burdonsome, then better pay the dest
A tale which cannot culminate to its natural set
'Tis better to terminate it, without any regret

Come, let the two of us become strangers once again

* * *

k̲h̲ūbsūrat maud̂

calo ika bāra phira se ajanabī bana jāyeṃ hama donoṃ

na maiṃ tuma se koī ummīda rakkhuṃ dila navāzī kī
na tuma merī tarafa dekho g̲h̲alata andāza nazaroṃ se
na mere dila kī dhad̂akana lad̂akhad̂āye merī bātoṃ se
na zāhira ho tumhārī kaśamakaśa kā rāza nazaroṃ se

tumheṃ bhī koī ulajhana rokatī hai peśaqadamī se
mujhe bhī loga kahate haiṃ ke yaha jalave parāye haiṃ
mere hamarāha bhī rūsavāīyāṃ haiṃ mere māzī kī
tumhāre sātha bhī guzarī huī rātoṃ ke sāye haiṃ

taārrufa roga ho jāye to usa ko bhūlanā behatara
taālluqa bojha bana jāye to usa ko tod̂anā acchā
vaha afasānā jise aṃjāma taka lānā nā ho mumakina
use ika k̲h̲ūbasūrata maud̂a dekara chod̂anā acchā

calo ika bāra phira se ajanabī bana jāyeṃ hama donoṃ

ख़ूबसूरत मोड़

चलो इक बार फिर से अजनबी बन जायें हम दोनों

न मैं तुम से कोई उम्मीद रखूं दिल–नवाज़ी की
न तुम मेरी तरफ़ देखो ग़लत अन्दाज़ नज़रों से
न मेरे दिल की धड़कन लड़खड़ाये मेरी बातों से
न ज़ाहिर हो तुम्हारी कशमकश का राज़ नज़रों से

तुम्हें भी कोई उलझन रोकती है पेशक़दमी से
मुझे भी लोग कहते हैं के यह जलवे पराये हैं
मेरे हमराह भी रूसवाईयां हैं मेरे माज़ी की
तुम्हारे साथ भी गुज़री हुई रातों के साये हैं

तआर्रुफ़ रोग हो जाये तो उस को भूलना बेहतर
तआल्लुक़ बोझ बन जाये तो उस को तोड़ना अच्छा
वह अफ़साना जिसे अंजाम तक लाना न हो मुमकिन
उसे इक ख़ूबसूरत मोड़ देकर छोड़ना अच्छा

चलो इक बार फिर से अजनबी बन जाये हम दोनों

* * *

آنکھیں

بھول سکتا ہے بھلا کون تمہاری آنکھیں
رنگ میں ڈوبی ہوئی ، نیند سے بھاری آنکھیں

میری ہر سوچ نے، ہر سانس نے چاہا ہے تمہیں
جب سے دیکھا ہے تمہیں، تب سے سراہا ہے تمہیں
بس گئی ہیں میری آنکھوں میں تمہاری آنکھیں

تم جو نظروں کو اٹھاؤ، تو ستارے جھک جائیں
تم جو پلکوں کو جھکاؤ تو زمانے جھک جائیں
کیوں نے بن جائیں ان آنکھوں کی پجاری آنکھیں

جاگتی راتوں کو سپنوں کا خزانہ مل جائے
تم جو مل جاؤ تو جینے کا بہانہ مل جائے
اپنی قسمت پہ کریں ناز ہماری آنکھیں

٭ ٭ ٭

EYES

How can anyone ever forget your beautiful eyes
Blue ocean deep, heavy with sleep, your doleful eyes

My every thought, my every breath, I have conserved for you
Ever since I saw you, I have my admiration reserved for you
As if my eyes have merged with your soulful eyes

As you raise your gaze, stars will bow downward
With your eyebrow going low, planets will go wayward
All eyes will turn respectful, for your worshipful eyes

Sleepless nights may turn to dreaming dreams galore
Meeting you will be a world of good, a life to adore
We shall envy our good fortune, with our grateful eyes

* * *

āṇkheṇ

bhūla sakatā hai bhalā kauna tumhārī āṃkheṃ
raṅga meṃ ḍūbī hūī, nīnda se bhārī āṃkheṃ

merī hara soca ne, hara sāṃsa ne cāhā hai tumheṃ
jaba se dekhā hai tumheṃ, taba se sarāhā hai tumheṃ
basa gayī haiṃ merī āṃkhoṃ meṃ tumhārī āṃkheṃ

tuma jo nazaroṃ ko uṭhāo, to sitāre jhuka jāyeṃ
tuma jo palakoṃ ko jhukāo to zamāne jhuka jāyeṃ
kyoṃ na bana jāyeṃ una āṃkhoṃ kī pujārī āṃkheṃ

jāgatī rātoṃ ko sapanoṃ kā k͟hazānā mila jāye
tuma jo mila jāo to jīne kā bahānā mila jāye
apanī qismata pe kareṃ nāza hamārī āṃkheṃ

* * *

आंखें

भूल सकता है भला कौन तुम्हारी आंखें
रंग में डूबी हुई, नींद से भारी आंखें

मेरी हर सोच ने, हर सांस ने चाहा है तुम्हें
जब से देखा है तुम्हें, तब से सराहा है तुम्हें
बस गयी हैं मेरी आंखों में तुम्हारी आंखें

तुम जो नज़रों को उठाओ, तो सितारे झुक जायें
तुम जो पलकों को झुकाओ तो ज़माने झुक जायें
क्यों न बन जायें उन आंखों की पुजारी आंखें

जागती रातों को सपनों का ख़ज़ाना मिल जायें
तुम जो मिल जाओ तो जीने का बहाना मिल जाये
अपनी क़िस्मत पे करें नाज़ हमारी आंखें

* * *

آسماں پہ ہے خدا....

آسمان پہ ہے خدا اور زمیں پہ ہم
آج کل وہ اس طرف دیکھتا ہے کم

آج کل وہ کسی کو ٹوکتا نہیں
چاہے کچھ بھی کیجئے روکتا نہیں

ہو رہی ہے لوٹ مار، پھٹ رہے ہیں بم
آسماں پہ ہے خدا اور زمیں پہ ہم

کس کو بھیجے وہ یہاں خاک چھاننے
اس تمام بھید کا حال جاننے

آدمی ہیں بیشمار ، دیوتا ہیں کم
آسماں پہ ہے خدا اور زمیں پہ ہم

اتنی دور سے اگر دیکھتا بھی ہو
تیرے میرے واسطے کیا کرے گا وہ

زندگی ہے اپنے اپنے بازوؤں کا دم
آسماں پہ ہے خدا اور زمیں پہ ہم

* * *

GOD IS IN HIGH HEAVEN....

God is in high heaven, and we are down to earth
He is at present too busy to mind our home and earth

He keeps an eye closed at present, to let you have your way
You may be upto anything, he won't be in your way

There is lot of loot and grab, bombs in land and firth
God is in high heaven, and we are down to earth

Who should as his agent he despatch, to bite the dust
To uncover all this jigsaw puzzle, as indeed he must

There are a myriad humans, with hardly an angel's worth
God is in high heaven, and we are down to earth

Even if from that afar, he sees us all aright
What for you and me he might do to chnge our plight

This life is what with our own strength, we can all unearth
God is in high heaven, and we are down to earth

* * *

āsmāṇ pe hai k͟hudā....

āsamāṃ pe hai k͟hudā aura zamīṃ pe hama
āja kala vaha isa tarafa dekhatā hai kama

āja kala vaha kisī ko ṭokatā nahīṃ
cāhe kucha bhī kījaye rokatā nahīṃ

ho rahī hai lūṭa māra phaṭa rahe haiṃ bama
āsamāṃ pe hai k͟hudā aura zamīṃ pe hama

kisa ko bheje vaha yahāṃ k͟hāka chānane
isa tamāma bheda kā hāla jānane

ādamī haiṃ beśumāra devatā haiṃ kama
āsamāṃ pe hai k͟hudā aura zamīṃ pe hama

itanī dūra se agara dekhatā bhī ho
tere mere vāste kyā faregā vaha

zindagī hai apane apane bāzuoṃ kā dama
āsamāṃ pe hai k͟hudā aura zamīṃ pe hama

* * *

आसमां पे है ख़ुदा....

आसमां पे है ख़ुदा और ज़मीं पे हम
आज कल वह इस तरफ़ देखता है कम

आज कल वह किसी को टोकता नहीं
चाहे कुछ भी कीजिये रोकता नहीं

हो रही है लूट मार, फट रहे हैं बम
आसमां पे है ख़ुदा और ज़मीं पे हम

किस को भेजे वह यहां ख़ाक छानने
इस तमाम भेद का हाल जानने

आदमी हैं बेशुमार देवता हैं कम
आसमां पे है ख़ुदा और ज़मीं पे हम

इतनी दूर से अगर देखता भी हो
तेरे मेरे वास्ते क्या करेगा वह

ज़िन्दगी है अपने अपने बाज़ुओं का दम
आसमां पे है ख़ुदा और ज़मीं पे हम

• • •

دل ہی تو ہے

بھولے سے محبت کر بیٹھا، ناداں تھا بیچارا، دل ہی تو ہے
ہر دل سے خطا ہو جاتی ہے، سمجھو نا خدارا، دل ہی تو ہے

اس طرح نگاہیں مت پھیرو، ایسا نہ ہو دھڑکن رک جائے
سینے میں کوئی پتھر تو نہیں، احساس کا مارا دل ہی تو ہے

جذبات بھی ہندو ہوتے ہیں، چاہت بھی مسلماں ہوتی ہے
دنیا کا اشارا تھا لیکن، سمجھا نہ اشارا، دل ہی تو ہے

بیدادگروں کی ٹھوکر سے سب خواب سہانے چور ہوئے
اب دل کا سہارا غم ہی تو ہے، اب غم کا سہارا دل ہی تو ہے

* * *

THIS POOR HEART....

To fall in love was naive, unwise on its part, this poor heart
To err is every heart, is same in last resort, this poor heart

Don't you turn away from me, the heart may well be disheartened
Not insensate within the chest, not uncaring, not apart this poor heart

Passions have really no religion, they may be Hindu or Muslim in origin
It should well have understood, what world had to impart, this poor heart

Beloved's hauteur brought to an end our dream world of allure
Now pain is medicament of heart's predicament, in pain we smart, this poor heart

● ● ●

dil hī to hai....

bhūle se mauhabbata kara baiṭhā, nādāṃ thā becārā, dila hī to hai
hara dila se k͟hatā hojātī hai, samajho na k͟hudārā dila hī to hai

isa taraha nigāheṃ mata phero esā na ho dhaḋakana rūka jāye
sīne meṃ koī patthara to nahīṃ, ehasāsa kā mārā dila hī to hai

jajbāta bhī hindu hote haiṃ, cāhata bhī musalamāṃ hotī hai
duniyā kā iśārā thā lekina, samajhā na iśārā dila hī to hai

baidādagaroṃ kī ṭhokara se saba k͟huvāba sūhāne cūra huye
aba dila kā sahārā g͟hama hī to hai, aba g͟hama kā sahārā adila hī to hai

✸ ✸ ✸

दिल ही तो है....

भूले से मौहब्बत कर बैठा, नादां था बेचारा, दिल ही तो है
हर दिल से ख़ता होजाती है, समझो न ख़ुदारा, दिल ही तो है

इस तरह निगाहें मत फेरो ऐसा न हो धड़कन रूक जाये
सीने में कोई पत्थर तो नहीं, एहसास का मारा दिल ही तो है

जज़बात भी हिन्दु होते हैं, चाहत भी मुसलमां होती है
दुनिया का इशारा था लेकिन, समझा न इशारा दिल ही तो है

बैदादगरों की ठोकर से सब ख़्वाब सुहाने चूर हुये
अब दिल का सहारा ग़म ही तो है, अब ग़म का सहारा दिल ही तो है

* * *

ساتھی ہاتھ بڑھانا....

ایک اکیلا تھک جائیگا، مل کر بوجھ اٹھانا
ساتھی ہاتھ بڑھانا
ہم محنت والوں نے جب بھی مل کر قدم بڑھایا
ساگر نے رستہ چھوڑا، پربت نے سیس جھکایا
فولادی ہیں سینے اپنے ، فولادی ہیں باہیں
ہم چاہیں تو چٹانوں میں پیدا کر دیں راہیں
ساتھی ہاتھ بڑھانا
محنت اپنی لیکھ کی ریکھا، محنت سے کیا ڈرنا
کل غیروں کی خاطر کی ، آج اپنی خاطر کرنا
اپنا دکھ بھی ایک ہی ساتھی، اپنا سکھ بھی ایک
اپنی منزل ،سچ کی منزل ،اپنا رستہ نیک
ساتھی ہاتھ بڑھانا
ایک سے ایک ملے تو قطرہ بن جاتا ہے دریا۔
ایک سے ایک ملے تو ذرّہ بن جاتا ہے صحرا
ایک سے ایک ملے تو رائی بن سکتی ہے پربت
ایک سے ایک ملے تو انساں بس میں کرے قسمت
ساتھی ہاتھ بڑھانا

• • •

UNITED WE STAND....

One alone may tire, share your burden on helping hand
O friend ! extend and lend your helping hand

We workers, when together in step, wherever we march and tread
The sea is rent astunder, the mounatain bows its head
Our chests are strong as steel, our arms full of zeal
If we wish, in rock and mount, we emblazon our path and seal
O friend ! extend and lend your helping hand

With work we create our fate, our faith in work is awake
We worked for others in the past, to day we work for our sake
Other's woes are our woes, others happiness is our happiness
Our aim is truthfulness, our means are based on righteouness
O friend ! extend and lend your helping hand

A droplet merging with another, becomes a raging torrent
A grain coalescing with another, become a desert deterrent
A speck joining with another, becomes a mountain formidable
A man in concert with one another, makes the fate favourable
O friend ! extend and lend your helping hand

* * *

sāthī hāth barhānā....

eka akelā thaka jāyegā mila kara bojha uṭhānā
sāthī hātha baḋhānā

hama mehanata vāloṃ ne jaba bhī mila kara qadama baḋhāyā
sāgara ne rastā choḋā, parabata ne sīsa jhukāyā
faulādī haiṃ sīne apane, faulādī haiṃ bāheṃ
hama cāheṃ to caṭṭānoṃ meṃ paidā kara deṃ rāheṃ
sāthī hātha baḋhānā

mehanata apanī lekha kī rekhā, mehanata se kyā ḍaranā
kala g̲hairoṃ kī k̲hātira kī, āja apanī k̲hātira karanā
apanā dukha bhī eka hai sāthī apanā sukha bhī eka
apanī mañzila saca kī mañzila, apanā rastā neka
sāthī hātha baḋhānā

eka se eka mile to qatarā bana jātā hai dariyā
eka se eka mile to zarrā bana jātā hai seharā
eka se eka mile to rāī bana sakatī hai parabata
eka se eka mile to insāṃ basa meṃ karale qismata
sāthī hātha baḋhānā

साथी हाथ बढ़ाना....

एक अकेला थक जायेगा मिल कर बोझ उठाना
साथी हाथ बढ़ाना।
हम मेहनत वालो ने जब भी मिल कर क़दम बढ़ाया
सागर ने रस्ता छोड़ा, परबत ने सीस झुकाया
फ़ौलादी हैं सीने अपने, फ़ौलादी है बाहें
हम चाहें तो चट्टानों में पैदा कर दें राहें
साथी हाथ बढ़ाना
मेहनत अपनी लेख की रेखा, मेहनत से क्या डरना
कल ग़ैरों की ख़ातिर की, आज अपनी ख़ातिर करना
अपना दुख भी एक है साथी अपना सुख भी एक
अपनी मंज़िल सच की मंज़िल, अपना रस्ता नेक
साथी हाथ बढ़ाना
एक से एक मिले तो क़तरा बन जाता है दरिया
एक से एक मिले तो ज़र्रा बन जाता है सेहरा
एक से एक मिले तो राई बन सकती है परबत
एक से एक मिले तो इंसाँ बस में करले क़िस्मत
साथी हाथ बढ़ाना

* * *

رونا آیا....

کبھی خود پہ کبھی حالات پہ رونا آیا
بات نکلی تو ہر اک بات پہ رونا آیا

ہم تو سمجھے تھے کہ ہم بھول گئے ہیں اُن کو
کیا ہوا آج یہ کس بات پہ رونا آیا

کس لئے جیتے ہیں ہم، کس کے لئے جیتے ہیں
بارہا ایسے سوالات پہ رونا آیا

کون روتا ہے کسی اور کی خاطر اے دوست
سب کو اپنی ہی کسی بات پہ رونا آیا

● ● ●

WE HAVE CRIED....

At times at our selves, at times at adversity we have cried
As the story is recalled, at every diversity we have cried

We had thought, we forgot all about beloved
Why then today, why this way, in absurdity we have cried

Why at all we are alive, for whom at all we are living
Many a time we have wondered, at our simplicity we have cried

Who is that friend indeed, who should cry for a friend in need
For themselves they intercede, at their perversity we have cried

* * *

ronā āyā....

kabhī k͟huda pe kabhī hālāta pe ronā āyā
bāta nikalī to hara ika bāta pe ronā ayā

hama to samjhe the ke hama bhūla gaye haiṃ una ko
kyā huā āja yaha kisa bāta pe ronā āyā

kisa liye jīte haiṃ hama, kisa ke liye jīte haiṃ
bārahā aise savālāta pe ronā āyā

kauna rotā hai kisī aura kī k͟hatira ai dosta!
saba ko apanī hī kisī bāta pe ronā āyā

✹ ✹ ✹

रोना आया....

कभी खुद पे कभी हालात पे रोना आया
बात निकली तो हर इक बात पे रोना आया

हम तो समझे थे के हम भूल गये हैं उन को
क्या हुआ आज यह किस बात पे रोना आया

किस लिये जीते हैं हम, किस के लिये जीते हैं
बारहा ऐसे सवालात पे रोना आया

कौन रोता है किसी और की ख़ातिर ऐ दोस्त !
सब को अपनी ही किसी बात पे रोना आया

* * *

تری تصویر....

جو بات تجھ میں ہے تری تصویر میں نہیں

رنگوں میں ترا عکس ڈھلا، تو نہ ڈھل سکی
سانسوں کی آنچ، جسم کی خوشبو نہ ڈھل سکی
تجھ میں جو لوچ ہے، مری تحریر میں نہیں

بے جان حسن میں کہاں، رفتار کی ادا
انکار کی ادا ہے نہ اقرار کی ادا
کوئی لچک بھی زلفِ گرہ گیر میں نہیں

دنیا میں کوئی چیز نہیں ہے تیری طرح
پھر ایک بار سامنے آجا کسی طرح
کیا اور ایک جھلک مری تقدیر میں نہیں

جو بات تجھ میں ہے تری تصویر میں نہیں

* * *

YOUR PICTURE....

That elusive smile of your picture cannot captivate

In colours is your reflection, but not your alternate
Essence of breath, quintessence of body scent cannot incarnate
Your touch so supple and delicate, my pen could not state

How can beauty inanimate put animation in gesture
Neither gesticulation of rejection, nor acceptance posture
Your tassel cannot hassel, your tresses cannot articulate

There is none in the world able to match yourself
I wish, somehow, I were able to catch yourself
Is another glimpse of yours not within my fate?

That elusive smile of yours, your picture cannot captivate

* * *

terī tasvīr....

jo bāta tujha meṃ hai terī tasvīra meṃ nahīṃ

raṅgoṃ meṃ terā aksa ḍhalā tū na ḍhala sakī
sāṃsoṃ kī āṃca, jisma kī khuśbu na ḍhala sakī
tujha meṃ jo loca hai, merī taharīra meṃ nahīṃ

bejāna husna meṃ kahāṃ rafatāra kī adā
inkāra kī adā he na iqarāra kī adā
koī lacaka bhī zulfa-e-giraha gīra meṃ nahīṃ

duniyā meṃ koī cīza nahīṃ hai terī taraha
phira eka bāra sāmane ājā kisī taraha
kyā aura eka jhalaka merī taqadīra meṃ nahīṃ?

jo bāta tujha meṃ hai terī tasvīra meṃ nahīṃ

* * *

तेरी तस्वीर ....

जो बात तुझ में है तेरी तस्वीर में नहीं

रंगो में तेरा अक्स ढला तू न ढल सकी
सांसों की आंच, जिस्म की खुश्बु न ढल सकी
तुझ में जो लोच है, मेरी तहरीर में नहीं

बेजान हुस्न में कहां रफ़्तार की अदा
इन्कार की अदा है न इक़रार की अदा
कोई लचक भी जुल्फ़–ए–गिरह गीर में नहीं

दुनिया में कोई चीज़ नहीं है तेरी तरह
फिर एक बार सामने आजा किसी तरह
क्या और एक झलक मेरी तक़दीर में नहीं

जो बात तुझ में है तेरी तस्वीर में नहीं

* * *

کشمکش

تنگ آچکے ہیں کشمکشِ زندگی سے ہم
ٹھکرانہ دیں جہاں کو کہیں بے دلی سے ہم

مایوسیٔ مآل محبت نہ پوچھیے
اپنوں سے پیش آئے ہیں بیگانگی سے ہم

لو آج ہم نے توڑ دیا رشتہ امید
لو اب کبھی گلہ نہ کریں گے کسی سے ہم

ابھریں گے ایک بار ابھی دل کے ولولے
گو دب گئے ہیں بارِ غم زِندگی سے ہم

گر زِندگی میں مل گئے پھر اتفاق سے
پوچھیں گے اپنا حال تری بے بسی سے ہم

اللہ رے فریبِ مشیت کہ آج تک
دنیا کے ظلم سہتے رہے خامشی سے ہم

ہم غمزدہ ہیں لائیں کہاں سے خوشی کے گیت
دیں گے وہی جو پائیں گے اس زندگی سے ہم

* * *

STRUGGLE....

We have become tired of life, its strife we have tried
In our disheartened state, we may cast the world aside

Life's travail to no avail, we are so dejected in love
We are treating our confidants with unconcern undisguised

Ah! to day we have severed any connection with hope
We shall now refrain to complain to no one specified

The heart will once again become ebullient and effervescent
Though at present evanescent, it is with woes so tied

If perchance in lifetime, we meet with you again
We shall enquire our own condition, however you are petrified

O god! in deference to our faith in fate ordained
We have borne world's excesses, in a manner dignified

We are in distraught condition, no happy verses for rendition
We shall be handing without addition, what this life will provide

● ● ●

kaśhmakaśh

taṅga ācuke haiṃ kaśamakaśa-e-zindagī se hama
ṭhukarā ne deṃ jahāṃ ko kahīṃ be-dilī se hama

māyūsī-e-māla mauhabbata na pūchiye
apanoṃ se peśa āye haiṃ begānagī se hama

lo āja hama ne toḍa diyā riśtā-e-ummīda
lo aba kabhī gilā na kareṅge kisī se hama

ubhareṅge eka bāra abhī dila ke valavale
go daba gaye haiṃ bāra-e-g̠hame zindagī se hama

gara zindagī meṃ mila gaye phira ittifāqa se
pūcheṅge apanā hāla terī bebasī se hama

allāha fareba-e-muśīta ki āja taka
duniyā ke zulma sahate rahe k̠hāmuśī se hama

hama g̠hamazadā haiṃ lāye kahāṃ se k̠huśī ke gīta
daiṅge vahī jo pāyeṅge isa zindagī se hama

* * *

कशमकश

तंग आ चुके हैं कशमकश–ए–ज़िन्दगी से हम
ठुकरा न दें जहां को कहीं बे–दिली से हम

मायूसी–ए–मा'ल मौहब्बत न पूछिये
अपनों से पेश आये हैं बेगानगी से हम

लो आज हम ने तोड़ दिया रिश्ता–ए–उम्मीद
लो अब कभी गिला न करेंगे किसी से हम

उभरेंगे एक बार अभी दिल के वलवले
गो दब गये हैं बार–ए–ग़मे–ज़िन्दगी से हम

गर ज़िन्दगी में मिल गये फिर इत्तिफ़ाक़ से
पूछेंगे अपना हाल तेरी बेबसी से हम

अल्लाह फ़रेब–ए–मुशीत कि आज तक
दुनिया के ज़ुल्म सहते रहे ख़ामुशी से हम

हम ग़मज़दा हैं लाये कहां से ख़ुशी के गीत
देंगे वही जो पायेंगे इस ज़िन्दगी से हम

• • •

یہ دیش....

یہ دیش ہے ویر جوانوں کا البیلوں کا، مستانوں کا
اس دیش کا یارو کیا کہنا یہ دیش ہے دنیا کا گہنا

یہاں چوڑی چھاتی ویروں کی یہاں بھولی شکلیں ہیروں کی
یہاں گاتے ہیں رانجھے مستی میں مچتی ہیں دھومیں بستی میں
کہیں دنگل شوخ جوانوں کے کہیں کرتب تیر کمانوں کے

دلبر کے لئے دلدار ہیں ہم دشمن کے لئے تلوار ہیں ہم
میداں میں اگر ہم ڈٹ جائیں مشکل ہے کہ پیچھے ہٹ جائیں

• • •

THIS LAND....

This is the land of virile, youthful people
colourful, vestful for life, graceful people
O friends, how best to describe this land
Which, among the countries of world, is grand

Here, the males are fine and strong
Here, the maids to realm of beauty belong
Here, lovers sing songs ecstatic
Here, folks have enjoyments aesthetic
Where wrestling and sports are worthy pursuits
Where skill and strength are healthy mocts

We fend for friends, we help defend
We fend off foes, on sword depend
In confrontation on the field of battle
We are steadfast and show our mettle

* * *

yeh deśh....

yaha deśa hai vīra javānoṃ kā
alabeloṃ kā, mastānoṃ kā
isa deśa kā yāro kiyā kahanā
yaha deśa hai duniyā kā gahanā

yahāṃ cauḋī chātī vīroṃ kī
yahāṃ bholī śakaleṃ hīroṃ kī
yahāṃ gāte haiṃ rāñjhe mastī meṃ
macatī haiṃ dhūmeṃ bastī meṃ
kahīṃ daṅgala śokha javānoṃ ke
kahīṃ karataba tīra kamānoṃ ke

dilabara ke liye diladāra haiṃ hama
duśmana ke liye talavāra haiṃ hama
maidāṃ meṃ agara hama ḍaṭa jāyeṃ
muśkila hai ke pīche haṭa jāyeṃ

* * *

यह देश..

यह देश है वीर जवानों का
अलबेलों का, मस्तानों का
इस देश का यारों किया कहना
यह देश है दुनिया का गहना

यहां चौड़ी छाती वीरों की
यहां भोली शकलें हीरों की
यहां गाते हैं रांझे मस्ती में
मचती हैं धूमें बस्ती में
कहीं दंगल शोख़ जवानों के
कहीं करतब तीर कमानों के

दिलबर के लिये दिलदार हैं हम
दुश्मन के लिये तलवार हैं हम
मैदां में अगर हम डट जायें
मुश्किल है के पीछे हट जायें

* * *

جرمِ الفت

جرمِ الفت پہ ہمیں لوگ سزا دیتے ہیں
کیسے نادان ہیں شعلوں کو ہوا دیتے ہیں

ہم سے دیوانے کہیں ترکِ وفا کرتے ہیں
جان جائے کہ رہے بات نبھا دیتے ہیں

آپ دولت کے ترازو میں دلوں کو تولیں
ہم محبت سے محبت کا صلہٗ دیتے ہیں

تخت کیا چیز ہے اور لعل و جواہر کیا ہے
عشق والے تو خدائی بھی لٹا دیتے ہیں

ہم نے دل دے بھی دیا عہدِ وفا لے بھی لیا
آپ اب شوق سے دے لیں جو سزا دیتے ہیں

* * *

CRIME OF LOVE....

For our crime of falling in love, people mete out punishment
How naive of them, in fact they give encouragement

Like people with a frailty, we never give up fidelity
Our life may be a casualty, we honour our commitment

Your love may behold, as so much ruby and gold
Our love as such we behold for its own endearment

What jewel or crown or throne or any precious stone
All wealth people in love disown, and demonstrate their temperament

Our hear we have surrendered in return for beloved's pledge
Our bets we do not hedge, you punish us for our enchantment

● ● ●

jurm-e-ulfat....

jurma-e-ulafata pe hameṃ lauga sazā dete haiṃ
kaise nādāṃ haiṃ, śoloṃ ko havā dete haiṃ

hama se dīvāne kahīṃ tarke vafā karate haiṃ
jāna jāye ke rahe bāta nibhā dete haiṃ

āpa daulata ke tarāzu meṃ diloṃ ko toleṃ
hama mauhabbata se mauhabbata kā silā dete haiṃ

ta<u>kh</u>ata kyā cīza hai aura lāla-o-javāhara kiyā hai
iśqa vāle to <u>kh</u>udāī bhī luṭā dete haiṃ

hama ne dila de bhī diyā ahade vafā le bhī liyā
āpa aba śauqa se deleṃ jo sazā dete haiṃ

* * *

जुर्म-ए-उलफ़त....

जुर्म–ए–उलफ़त पे हमें लोग सज़ा देते हैं
कैसे नादां हैं, शोलों को हवा देते हैं

हम से दीवाने कहीं तर्के वफ़ा करते हैं
जान जाये के रहे बात निभा देते हैं

आप दौलत के तराज़ु में दिलों को तोलें
हम मौहब्बत से मौहब्बत का सिला देते हैं

तख़त क्या चीज़ है और लाल–ओ–जवाहर किया है
इश्क़ वाले तो ख़ुदाई भी लुटा देते हैं

हम ने दिल दे भी दिया अहदे वफ़ा ले भी लिंया
आप अब शौक़ से देलें जो सज़ा देते हैं

• • •

محبت کی زباں....

کون کہتا ہے محبت کی زباں ہوتی ہے
یہ حقیقت تو نگاہوں سے بیاں ہوتی ہے

وہ نہ آئیں تو ستاتی ہے خلش سی دل میں
وہ جو آئیں تو خلش اور جواں ہوتی ہے

روح کو شاد کرے، دل کو جو پرنور کرے
ہر نظارے میں یہ تنویر کہاں ہوتی ہے

زندگی ایک سلگتی سی چتا ہے "ساحر"
شعلہ بنتی ہے، نہ یہ بجھ کے دھواں ہوتی ہے

* * *

LANGUAGE OF LOVE...

Who has said that word of mouth love can send
This reality only zestful eyes can transcend

When friend will not come, heart with agony is over come
An anguish it can become, when friend will condescend

It should gladden the soul, it should enlighten the heart
Every sight has no such gaze or dazzle to contend

O Sahir, life is so much smouldering embers
Not inflamed, not extinguished, no smoke to ascend

• • •

muhabbat kī zubāṇ

kauna kahatā hai mauhabbata kī zubāṃ hotī hai
yaha haqīqata to nigāhoṃ se bayāṃ hotī hai

voha na āyeṃ to satātī hai k͟haliśa sī dila meṃ
voha jo āyeṃ to k͟haliśa aura javāṃ hotī hai

rūha ko śāda kare dila ko jo pura nūra kare
hara nazāre meṃ yaha tanvīra kahāṃ hotī hai

zindagī eka sulagatī sī citī hai ""sāhira""
śaulā banatī hai na yaha bujha ke dhuvāṃ hotī hai

* * *

मौहब्बत की ज़ुबाँ....

कौन कहता है मौहब्बत की ज़ुबाँ होती है
यह हक़ीक़त तो निगाहों से बयाँ होती है

वोह न आयें तो सताती है ख़लिश सी दिल में
वोह जो आयें तो ख़लिश और जवाँ होती है

रूह को शाद करे दिल को जो पुर नूर करे
हर नज़ारे में यह तन्वीर कहां होती है

ज़िन्दगी एक सुलगती सी चिता है "साहिर"
शौला बनती है न यह बुझ के धुवाँ होती है

* * *

آج بھی ہے

ہر قدم مرحلۂ دار و صلیب آج بھی ہے
جو کبھی تھا وہی انساں کا نصیب آج بھی ہے

جگمگاتے ہیں افق پر ستارے لیکن
راستہ منزلِ ہستی کا مہیب آج بھی ہے

سرِ مقتل جنہیں جانا تھا وہ جا بھی پہنچے
سرِ منبر کوئی محتاط خطیب آج بھی ہے

اہلِ دانش نے جسے امرِ مسلّم جانا
اہلِ دل کے لئے وہ بات عجیب آج بھی ہے

یہ تری یاد ہے یا میری اذیت کوشی
ایک نشتر سا رگِ جاں کے قریب آج بھی ہے

کون جانے یہ ترا شاعرِ آشفتہ مزاج
کتنے مغرور خداؤں کا رقیب آج بھی ہے

* * *

EVEN TODAY....

At every step we face gallows and cordon even today
What in the past was fated for us, it is done, even today

Man's path of destiny is menacingly beset
Though stars shimmer and shine beyond horizon, even today

Those destined for martyrdom have reached their destination
On the pulpit, faint hearted preacher is for pardon, even today

What the intellectual elite accepted as dogmatic truth
Their veracity, the intuitive minds question, even today

Is it your nostalgic memory, or my tortured soul
That a lancet near jugular vein, is to stun, even today

Who knows that this poet with his turgid temperamcnt
Is a challenge for demigods and denizens, even today

* * *

āj bhi hai

hara qadama marahalā-e-dāra-o-salība āja bhī hai
jo kabhī thā vahī insāṃ kā nasība āja bhī hai

jagamagāte haiṃ ufaqa para sitāre lekina
rāstā mañzila-e-hastī kā mahība āja bhī hai

sara-e-maqatala jinheṃ jānā thā vaha jā bhī pahuñce
sara-e-mimbara koī mohatāta khatība āja bhī hai

amala-e-dāniśa ne jise amara-e-musallama jānā
amala-e-dila ke liye vaha bāta ajība āja bhī hai

yaha terī yāda hai yā merī aziyata kośī
eka naśtara sā rage jāṃ ke qarība āja bhī hai

kauna jāne yaha terā śāyata-e-āśuftā mizāja
kitane magharūra khudāoṃ kā raqība āja bhī hai

* * *

आज भी है

हर क़दम मरहला–ए–दार–ओ–सलीब आज भी है
जो कभी था वही इन्साँ का नसीब आज भी है

जगमगाते हैं उफ़क़ पर सितारे लेकिन
रास्ता मंज़िल–ए–हस्ती का महीब आज भी है

सर–ए–मक़तल जिन्हें जाना वह जा भी पहुंचे
सर–ए–मिंबर कोई मोहतात ख़तीब आज भी है

अमल–ए–दानिश ने जिसे अमर–ए–मुसल्लम जाना
अमल–ए–दिल के लिय वह बात अजीब आज भी है

यह तेरी याद है या मेरी अज़ियत–कोशी
एक नश्तर सा रगे–जाँ के क़रीब आज भी है

कौन जाने यह तेरा शायर–ए–आशुफ़्ता मिज़ाज
कितने मग़रूर ख़ुदाओं का रक़ीब आज भी है

• • •

تمنا....

میں نے چاند اور ستاروں کی تمنا کی تھی
مجھ کو راتوں کی سیاہی کے سوا کچھ نہ مِلا

میں وہ نغمہ ہوں جسے پیار کی محفل نہ ملی
وہ مسافر ہوں جسے کوئی بھی منزل نہ ملی
زخم پائے ہیں بہاروں کی تمنا کی تھی
میں نے چاند اور ستاروں کی تمنا کی تھی

کسی گیسو کسی آنچل کا سہارا بھی نہیں
راستے میں کوئی دھندلا سا ستارا بھی نہیں
میری نظروں نے نظاروں کی تمنا کی تھی
میں نے چاند اور ستاروں کی تمنا کی تھی

دل میں ناکام امیدوں کے بسیرے پائے
روشنی لینے کو آئے تو اندھیرے پائے
رنگ اور نور کے دھاروں کی تمنا کی تھی
میں نے چاند اور ستاروں کی تمنا کی تھی

WISH....

Thought for moon and stars bright, I had set my sight
I got instead ov light, pitch darkness of night

I am a lyric which found no access to any parlour
I am a traveller who found no success to reach any harbour
Mine was a longing for spring, I got sores and blight
For moon and stars alight, I had set my sight

No tresses, no caresses, no solace to provide
On the way not eve a fading star to guide
My eyes were longing so much for a leading light
For moon and stars alight, I had set my sight

My heart was a resting place for unrequited hope
I went in search of light, with darkness I had to cope
Mine was such a longing for colourful strings of light
For moon and stars alight, I had set my sight

* * *

tamanna....

mainne cānda aura sitāroṃ kī tamannā kī thī
mujha ko rātoṃ kī siyāhī ke sivā kucha na milā

maiṃ vaha naghamā haiṃ jise pyāra kī mahafila na milī
vaha musāfira hūṃ jise koī bhī mañzila na milī
zakhama pāye haiṃ bahāroṃ kī tamannā kī thī
mainne cānda aura sitāroṃ kī tamannā kī thī

kisī gesu kisī āṃcala kā sahārā bhī nahīṃ
rāste meṃ koī dhundhalā sā sitārā bhī nahīṃ
merī nazaroṃ ne nazāroṃ kī tamannā kī thī
mainne cānda aura sitāroṃ kī tamannā kī thī

dila meṃ nākāma ummīdoṃ ke basere pāye
rośnī lene ko āye to aṃdhere pāye
raṅga aura nūra ke dhāroṃ kī tamannā kī thī
nainne cānda aura sitāroṃ kī tamannā kī thī

* * *

तमन्ना....

मैंने चांद और सितारों की तमन्ना की थी
मुझ को रातों की सियाही के सिवा कुछ न मिला

मैं वह नग़मा हूँ जिसे प्यार की महफ़िल न मिली
वह मुसाफ़िर हूँ जिसे कोई भी मंज़िल न मिली
ज़ख़म पाये हैं बहारों की तमन्ना की थी
मैंने चांद और सितारों की तमन्ना की थी

किसी गेसु किसी आंचल का सहारा भी नहीं
रास्ते में कोई धुंधला सा सितारा भी नहीं
मेरी नज़रों ने नज़ारों की तमन्ना की थी
मैंने चांद और सितारों की तमन्ना की थी

दिल में नाकाम उम्मीदों के बसेरे पाये
रोश्नी लेने को आये तो अंधेरे पाये
रंग और नूर के धारों की तमन्ना की थी
मैंने चांद और सितारों की तमन्ना की थी

• • •

اشک

اشکوں میں جو پایا ہے وہ گیتوں میں دیا ہے
اس پر بھی سنا ہے کہ زمانے کو گلا ہے

جو تار سے نکلی ہے وہ دھن سب نے سنی ہے
جو ساز پہ گذری ہے وہ کس دل کو پتہ ہے

ہم پھول ہے، اوروں کے لئے لائے ہیں خوشبو
اپنے لئے لے دے کے بس اک داغ ملا ہے

* * *

THE TEARS

What I have received with tears, is washed into my verse
The world, inspite of that, complain for better, or worse

What comes out of musical string, that tune all have heard
What the instrument endured, is unknown to universe

We are efflorescence, for all and sundry our fragrance
For us, however, is forbearance, and company of thorns diverse

* * *

aśhk

aśkoṃ meṃ jo pāyā hai voha gītoṃ meṃ diyā hai
isa para bhī sunā he ke zamāne ko gilā hai

jo tāra se nikalī hai voha dhuna saba ne sunī hai
jo sāza pe guzarī hai voha kisa dila ko patā hai

hama phūla haiṃ, auroṃ ke liye lāye haiṃ k͟hūśbu
apane liye le deke basa ika dāg͟ha milā hai

अश्क

अश्कों में जो पाया है वोह गीतों में दिया है
इस पर भी सुना है के ज़माने को गिला है

जो तार से निकली है वोह धुन सब ने सुनी है
जो साज़ पे गुज़री है वोह किस दिल को पता है

हम फूल हैं, औरों के लिये लाये हैं ख़ुश्बू
अपने लिये ले देके बस इक दाग़ मिला है

* * *

مجھے سوچنے دے

میری ناکام محبت کی کہانی مت چھیڑ
اپنی مایوس امنگوں کا فسانہ نہ سنا

زندگی تلخ سہی، زہر سہی، سم ہی سہی
درد و آزار سہی، جبر سہی، غم ہی سہی

لیکن اس درد و غم و جبر کی وسعت کو تو دیکھ
ظلم کی چھاؤں میں دم توڑتی خلقت کو تو دیکھ

نوعِ انساں میں یہ سرمایہ و محنت کا تضاد
امن و تہذیب کے پرچم تلے قوموں کا فساد

ہر طرف آتش و آہن کا یہ سیلاب عظیم
نت نئے طرز پہ ہوتی ہوئی دنیا تقسیم

درو دیوار پہ انوار کا سیلابِ رواں
جیسے اک شاعرِ مدہوش کے خوابوں کا جہاں

یہ سبھی کیوں ہے، یہ کیا ہے، مجھے کچھ سوچنے دے
کون انساں کا خدا ہے، مجھے کچھ سوچنے دے

* * *

LET ME REFLECT

Tale of my unsuccessful love, don't you recreate
Story of your unfulfilled longings, don't you narrate

Life may be bitter, a poisonous potion at best
Worries and woes, agitation, tempestuous ocean at best

But see at least the extent of pain, coersion and torment
See at least forlorn people in cruelty's envelopment

In the realm of reality, this exploitation of humanity
Under the banner of civility, this animosity, this enmity

On all accounts, this rising tide of sword and fire
On ever new lines, this yawning divide of the world entire

Light is beckoning yonder, as if a writing on the wall
As if a poet in a dreamland, in a state of thrall

Why all this banality, what this identity, let me some what reflect
Where is humanity, where is divinity, let me some what reflect

* * *

mujhe sochne de

merī nākāma mauhabbata kī kahānī mata cheḍa
apanī māyūsa umaṅgoṃ kā fasānā nā sunā

zindagī talk͟ha sahī, zahara sahī, sama hī sahī
darda-o-āzāra sahī, jabara sahī, g͟hama hī sahī

lekina isa darda-o-g͟hama-o-jabara kī vusaata ko to dekha
zulma kī chāṃva meṃ dama toḍatī k͟halaqata ko to dekha

nau-e-insāṃ meṃ yaha saramāyā-o-mehanata kā tazāda
amana-o-tahazība ke paracama tale qaumoṃ kā fasāda

hara tarafa ātiśa-o-āhana kā yaha sailāba azīma
nita naye taraza pe hotī huī duniyā kī taqasīma

dara-o dīvāra pe anavāra kā sailāba ravāṃ
jaise eka śāyara-e-madahośa ke k͟huvāboṃ kā jahāṃ

yaha sabhī kyoṃ hai, yaha kyā hai, mujhe kucha socane de
kauna insāṃ kā k͟hudā hai mujhe kucha socane de

* * *

मुझे सोचने दे

मेरी नाकाम मौहब्बत की कहानी मत छेड़
अपनी मायूस उमंगों का फ़साना ना सुना

ज़िन्दगी तल्ख़ सही, ज़हर सही, सम ही सही
दर्द–ओ–आज़ार सही, जबर सही, ग़म ही सही

लेकिन इस दर्द–ओ–ग़म–ओ–जबर की वुसअत को तो देख
जुल्म की छांव में दम तोड़ती ख़लक़त को तो देख

नौ–ए–इन्साँ में यह सरमाया–ओ–मेहनत का तज़ाद
अमन–ओ–तहज़ीब के परचम तले क़ौमों का फ़साद

हर तरफ़ आतिश–ओ–आहन का यह सैलाब अज़ीम
नित नये तरज़ पे होती हुई दुनिया की तक़सीम

दर–ओ–दीवार पे अनवार का सैलाब रवाँ
जैसे एक शायर–ए–मदहोश के ख़ुवाबों का जहाँ

यह सभी क्यों है, यह क्या है, मुझे कुछ सोचने दे
कौन इन्साँ का ख़ुदा है मुझे कुछ सोचने दे

• • •

وہ ادا....

جسے تو قبول کرلے ، وہ ادا کہاں سے لاؤں
تیرے دل کو جو لبھائے، وہ صدا کہاں سے لاؤں

میں وہ پھول ہوں کہ جس کو گیا ہر کوئی مسل کے
میری عمر بہہ گئی ہے مرے آنسوؤں میں ڈھل کے
جو بہار بن کے برسے، وہ گھٹا کہاں سے لاؤں

تجھے اور کی تمنا، مجھے تیری آرزو ہے
ترے دل میں غم ہی غم ہے، مرے دل میں تو ہی تو ہے
جو دلوں کو چین دے دے، وہ دوا کہاں سے لاؤں

میری بے بسی ہے ظاہر مری آہِ بے اثر سے
کبھی موت بھی جو مانگی، تو نہ پائی اُس کے در سے
جو مراد لے کے آئے، وہ دعا کہاں سے لاؤں

* * *

THAT STYLE....

What finds acceptance with you, how to show that style
What your ear likes to hear, how that voice may beguile

I am that flower which was crushed by every hand
My years have been washed by my tears out of hand
What may become a cloudburst, to rain for a while

You yearn for someone else, for you I am longing
Your heart is full of anguish, with you I am belonging
What medicament is for heart, how to heal predicament vile

My helplessness is obvious with my sighs of hopelessness
My plea for death was answered, with with beloved's speechlessness
That my parayer may be answered, how to supplicate with guile

* * *

voh adā....

jise tū kubūla kara le voha adā kahāṃ se lāūṃ
tere dila ko jo lubhāye, voha sadā kahāṃ se lāūṃ

maiṃ phūla hūṃ ke jisa ko gayā hara koī masala ke
merī umara baha gaī hai mere āṃsuoṃ meṃ ḍhalake
jo bahāra bana ke barase, voha ghaṭā kahāṃ se lāūṃ

tujhe aura kī tamannā, mujhe terī ārazu hai
tere dila meṃ g̱hama hī g̱hama hai, mere dila meṃ tū hī tū hai
jo diloṃ ko caina dede, voha davā kahāṃ se lāūṃ

merī bebasī hai zāhira merī āha-e-beasara se
kabhī mauta bhī jo māṅgī to nā pāī usa ke dara se
jo murāda le ke āe, voha duā kahāṃ se lāūṃ

* * *

वोह अदा....

जिसे तू कुबूल कर ले वोह अदा कहां से लाऊँ
तेरे दिल को जो लुभाये, वोह सदा कहां से लाऊँ

मैं फूल हूँ के जिस को गया हर कोई मसल के
मेरी उमर बह गई है मेरे आंसुओं मे ढलके
जो बहार बन के बरसे, वोह घटा कहां से लाऊँ

तुझे और की तमन्ना, मुझे तेरी आरज़ू है
तेरे दिल में ग़म ही ग़म है, मेरे दिल में तू ही तू है
जो दिलों को चैन देदे, वोह दवा कहां से लाऊँ

मेरी बेबसी है ज़ाहिर मेरी आह–ए–बेअसर से
कभी मौत भी जो मांगी तो ना पाई उस के दर से
जो मुराद ले के आए, वोह दुआ कहां से लाऊँ

* * *

آؤ کوئی خواب بنیں

آؤ کوئی خواب بُنیں کل کے واسطے
ورنہ یہ رات آج کے سنگین دور کی
ڈس لے گی جان و دل کو ایسے کہ جان و دل
تا عمر پھر نہ کوئی حسیں خواب بن سکیں

گو ہم سے بھاگتی رہی یہ تیز گام عمر
خوابوں کے آسرے پہ کٹی ہے تمام عمر

زلفوں کے خواب، ہونٹوں کے خواب اور بدن کے خواب
معراجِ فن کے خواب، کمالِ سخن کے خواب
تہذیبِ زندگی کے، فروغِ وطن کے خواب
زنداں کے خواب، کوچۂ دار و رسن کے خواب

یہ خواب ہی تو اپنی جوانی کے پاس تھے
یہ خواب ہی تو اپنے عمل کی اساس تھے
یہ خواب مر گئے تو بے رنگ ہے حیات
یوں ہے کہ جیسے دستِ تہِ سنگ ہے حیات

• • •

LET'S WEAVE SOME DREAMS

Come, let's weave some dreams for the coming day
Else this night, of the present sordid state
Will sting the heart and soul into utter dismay
So they are down and out for any dream to date

Though this fleeting steed of life was in full speed
We spent our days dreaming, to spur and intercede

Dreaming of tresses, dreaming of kisses and caresses
Dreaming perfection of art, dreaming poetic processes
Dreaming civility of life, how the country progresses
Dreaming acts of sacrifice, defiance of excesses

These were the dreams, upon their stuff our youth relied
These were the dreams that our actions emphasised
If these dreams had died, the fountain of life is dried
The life is rendered colourless, less than dignified

* * *

āo koī k͟hvāb buneṃ

āo koī k͟huvāba buneṃ kala ke vāste
varanā yaha rāta āja ke saṅgīna daura kī

ḍasa legī jāna-o-dila ko aise ki jāna-o-dila
tā-umara phira na koī hasīṃ k͟huvāba buna sakeṃ
go hama se bhāgatī rahī yaha teza-gāma umara
k͟huvāboṃ ke āsare pe kaṭī hai tamāma umara

zulfoṃ ke k͟huvāba, hoṭhoṃ ke k͟huvāba aura badana ke k͟huvāba
mairāja-e-fana ke k͟huvāba, kamāla-e-suk͟hana ke k͟huvāba
tahazība-e-zindagī ke, farog͟ha-e-vatana ke k͟huvāba
zindā ke k͟huvāba, kucā-e-dāro rasana ke k͟huvāba

yaha k͟huvāba hī to apanī javānī ke pāsa the
yaha k͟huvāba hī to apanī amala kī asāsa the
yaha k͟huvāba mara gaye to be-raṅga hai hayāta
yoṃ hai ki jaise dasta-taha-e-saṅga hai hayāta

✹ ✹ ✹

आओ कोई ख़्वाब बुनें

आओ कोई ख़्वाब बुनें कल के वास्ते
वरना यह रात आज के संगीन दौर की

डस लेगी जान–ओ–दिल को ऐसे कि जान–ओ–दिल
ता–उमर फिर न कोई हसीं ख़ुवाब बुन सकें
गो हम से भागती रही यह तेज़–गाम उमर
ख़ुवाबों के आसरे पे कटी है तमाम उमर

ज़ुल्फ़ों के ख़्वाब, होठों के ख़्वाब और बदन के ख़्वाब
मैराज–ए–फ़न के ख़्वाब, कमाल–ए–सुख़न के ख़्वाब
तहज़ीब–ए–ज़िन्दगी के, फ़रोग़–ए–वतन के ख़्वाब
ज़िन्दां के ख़्वाब, कूचा–ए–दारो रसन के ख़्वाब

यह ख़्वाब ही तो अपनी जवानी के पास थे
यह ख़्वाब ही तो अपनी अमल की असास थे
यह ख़्वाब मर गये तो बे–रंग है हयात
यों है कि जैसे दस्त–ए–तह–ए–संग है हयात

سوچتا ہوں....

سوچتا ہوں کہ محبت سے کنارا کرلوں
دل کو بیگانہ ترغیب و تمنا کرلوں
سوچتا ہوں کہ محبت ہے جنونِ رسوا
چند بیکار سے بیہودہ خیالوں کا ہجوم
ایک آزاد کو پابند بنانے کی ہوس
ایک بیگانے کو اپنانے کی سعی موہوم
سوچتا ہوں کہ محبت ہے سرور و مستی
اس کی تنویر سے ہے روشن فضائے ہستی
سوچتا ہوں کہ محبت پہ کڑی شرطیں ہیں
اس تمدن میں محبت پہ بڑی شرطیں ہیں
سوچتا ہوں کہ بشر اور محبت کا جنوں
ایسے بوسیدہ تمدن میں ہے اک کارِ زبوں
سوچتا ہوں کہ محبت نہ بچے گی زندہ
پیش ازاں وقت کہ سڑ جائے یہ گلتی ہوئی لاش
یہی بہتر ہے کہ بیگانہ و الفت ہوکر
اپنے سینے میں کروں جذبۂ نفرت کی تلاش

* * *

I THINK....

I think that love and loving I should renounce
Dissuade the heart and longing I should denounce

I think that love is an infamy abhorrent
A collection of useless, baseless urges

To thwart a roving mind, a raging torrent
To tame a wild spirit with spluttering and splurges

I think that love is soothing and sedate
With its incandescent light, it can radiate

I think for love, hard constraints are dictating
In this milieu, harsh restraints are militating

I think, for man, love is a mad pursuit
In this antiquated environment it does not bear fruit

I think love will not live and survive
Before I make efforts, for it to revive

This better that I divest myself of love's travail
Out of heart, elements of animosity I unveil

* * *

sochtā hūṇ....

socatā hūṃ ke mauhabbata se kinārā kara lūṃ
dila ko begānā-e-taraghiba-o-tamannā kara lūṃ

socatā hūṃ ki mauhabbata hai junūna-e-rūsavā
canda bekāra se behūdā khayāloṃ kā hujūma

eka āzāda ko pābanda banāne kī havasa
eka begāne ko apanāne kī saī mohūma

socatā hūṃ ke mauhabbata hai surūra-o-mastī
isa kī tanvīra se rośana fizā-e-hastī

socatā hūṃ ki mauhabbata pe kaḍī śarateṃ haiṃ
isa tamadduna meṃ mauhabbata pe baḍī śarateṃ haiṃ

socatā hūṃ ki baśara aura mauhabbata kā junūna
aise bosīdā tamadduna meṃ hai ika kāra-e-zabūṃ

socatā hūṃ ki mauhabbata na bacegī zindā
peśa azāṃ vakta ki saḍa jāye yaha galatī huī lāśa

yahī behatara hai ki begānā-e-ulfata hokara
apane sīne meṃ karuṃ jazbā-e-nafarata kī talāśa

* * *

सोचता हूं....

सोचता हूं के मौहब्बत से किनारा कर लूं
दिल को बेगाना–ए–तरग़ीब–ओ–तमन्ना कर लूं
सोचता हूं के मौहब्बत है जुनून–ए–रूसवा
चंद बेकार से बेहूदा ख़यालों का हुजूम
एक आज़ाद को पाबन्द बनाने की हवस
एक बेगाने को अपनाने की सआी मोहूम
सोचता हूं कि मौहब्बत है सुरूर–ओ–मस्ती
इस की तन्वीर से है रोशन फ़िज़ा–ए–हस्ती
सोचता हूं कि मुहब्बत पे कड़ी शरतें हैं
इस तमुद्दन में मौहब्बत पे बड़ी शरतें हैं
सोचता हूं कि बशर और मौहब्बत का जुनून
ऐसे बोसीदा तमुद्दन में है इक कार–ए–ज़बूं
सोचता हूं के मौहब्बत न बचेगी ज़िन्दा
पेश अज़ां वक़्त कि सड़ जाये यह गलती हुई लाश
यही बेहतर है के बेगाना–ए–उल्फ़त होकर
अपने सीने में करूं जज़बा–ए–नफ़रत की तलाश

* * *

متاعِ غیر

پیار پر بس تو نہیں ہے مرا لیکن پھر بھی
تو بتا دے کہ تجھے پیار کروں یا نہ کروں
تو نے خود اپنے تبسّم سے جگایا ہے جنہیں
ان تمناؤں کا اظہار کروں یا نہ کروں

تو کسی اور کے دامن کی کلی ہے لیکن
میری راتیں تری خوشبو سے بسی رہتی ہیں
تو کہیں بھی ہو ترے پھول سے عارض کی قسم
تیری پلکیں میری آنکھوں پہ جھکی رہتی ہیں

ترے ہاتھوں کی حرارت، ترے سانسوں کی مہک
تیرتی رہتی ہیں احساس کی پہنائی میں
ڈھونڈتی رہتی ہیں تخیّل کی باہیں تجھ کو
سرد راتوں کی سلگتی ہوئی تنہائی میں

تیرا اندازِ کرم اِک حقیقت ہے مگر
یہ حقیقت بھی حقیقت میں فسانہ ہی نہ ہو
تیری مانوس نگاہوں کا یہ محتاط پیام
دل کے خوں کرنے کا اک اور بہانہ ہی نہ ہو

* * *

ALIEN POSSESSION

There is no control on love of mine, but still
You tell me, if I may or may not indulge
The longings you have wakened by your soulful smile
Those desires dormant, I may or may not divulge

You are a rosebud meant for some one else
Though my nights your fragrance are inhaling
Wherever you are, I swear by your rosy cheeks
Your tresses on my eyes are abseiling

Warmth of your touch, fragrance of breath as much
Pervade my senses in expanse and magnitude
Subconsciously, by senses seek you all the time
In the cold of night, in the smouldering solitude

Your gesture of generosity is for me a fact
But this fact, in fact, may be all fantasised
The guarded message conveyed by your genial eyes
May be a pretext for my heart to be brutalised

* *

mata-e-g̲hair

piyāra para basa to nahīṃ hai merā lekina phira bhī
tū batā de tujhe piyāra karūṃ yā nā karūṃ
tūne k̲h̲uda apane tabassuma se jagāyā hai jinheṃ
una tamannāoṃ kā izahāra karūṃ yā na karūṃ

tū kisī aura ke dāmana kī kalī hai lekina
merī rāteṃ terī k̲h̲uśbu se basī rahatī haiṃ
tū kahīṃ bhī ho tere phūla se āriza kī qasama
terī palakeṃ merī āṃkhoṃ pe jhukī rahatī haiṃ

tere hāthoṃ kī harārata, tere sāṃsoṃ kī mahaka
teratī rahatī hai ehasāsa kī pahanāī meṃ
ḍhūṃḍhatī rahatī haiṃ tak̲h̲ayyula kī bāheṃ tujha ko
sarda rātoṃ kī sulagatī huī tanhāī meṃ

terā aṃdāza-e-karama eka haqīqata hai magara
yaha haqīqata bhī haqīqata meṃ fasānā hī na ho
terī mānūsa nigāhoṃ kā yaha mohatāta payāma
dila ke k̲h̲ūṃ karane kā ika aura bahānā hī na ho

✹ ✹ ✹

मता-ए-ग़ैर

प्यार पर बस तो नहीं है मेरा लेकिन फिर भी
तू बता दे तुझे प्यार करूं या ना करूं
तूने ख़ुद अपने तबस्सुम से जगाया है जिन्हें
उन तमन्नाओं का इज़हार करूं या न करूं

तू किसी और के दामन की कली है लेकिन
मेरी रातें तेरी ख़ुश्बू से बसी रहती हैं
तू कहीं भी हो तेरे फूल से आरिज़ की क़सम
तेरी पलकें मेरी आंखों पे झुकी रहती हैं

तेरे हाथों की हरारत, तेरे सांसों की महक
तेरती रहती हैं एहसास की पहनाई में
ढूंढती रहती हैं तख़य्युल की बाहें तुझ को
सर्द रातों की सुलगती हुई तन्हाई में

तेरा अंदाज़–ए–करम एक हक़ीक़त है मगर
यह हक़ीक़त भी हक़ीक़त में फ़साना ही न हो
तेरी मानूस निगाहों का यह मोहतात पयाम
दिल के ख़ूँ करने का इक और बहाना ही न हो

* * *

دیکھا تو تھا....

دیکھا تو تھا یوں ہی کسی غفلت شعار نے
دیوانہ کر دیا دلِ بے اختیار نے

اے آرزو کے دھندلے خوابو! جواب دو
پھر کس کی یاد آئی تھی مجھ کو پکارنے

تجھ کو خبر نہیں مگر اک سادہ لوح کو
برباد کردیا ترے دو دن کے پیار نے

میں اور تم سے ترکِ محبت کی آرزو
دیوانہ کردیا ہے غم روزگار نے

اب اے دلِ تباہ ترا کیا خیال ہے
ہم تو چلے تھے کاکل گیتی سنوارنے

* * *

A LOOK....

Some one had cast a look by the way
Our wayward heart completely lost the way

O you desires dismembered, let me know
Whoever remembered, for a word to say

You may be aware or not, but a simple soul
Now is in ruins, by your love of a day

How, for you, I can wish to end my pledge of love
Worldly woes, however, are keeping me at bay

Now whatever you surmise, O my heart In tatters
We had meant to improve matters, l ut have gone astray

* * *

dekhā to thā....

dekhā to thā yūṃhī kisī g̲hafalata śuāra ne
dīvānā kara diyā dila-e-beik̲h̲atiyāra ne

ai ārazu ke dhundhale k̲h̲vāboṃ! javāba do
phira kisa kī yāda āī thī mujha ko pukārane

tujha ko k̲h̲abara nahīṃ magara ika sādā loha ko
barabāda kara diyā tere do dina ke pyāra ne

maiṃ aura tuma se tarka-e-mauhabbata kī ārazu
dīvānā kara diyā hai g̲hama-e-rozagāra ne

aba ai dila-e-tabāha terā kiyā k̲h̲ayāla hai
hama to cale the kākula-e-gītī saṃvārane

* * *

देखा तो था

देखा तो था यूंही किसी ग़फ़लत शुआर ने
दीवाना कर दिया दिल–ए–बेइख़तियार ने

ऐ आरज़ु के धुंधले ख़्वाबों! जवाब दो
फिर किस की याद आई थी मुझ को पुकारने

तुझ को ख़बर नहीं मगर इक सादा लोह को
बरबाद कर दिया तेरे दो दिन के प्यार ने

मैं और तुम से तर्क–ए–मौहब्बत की आरज़ू
दीवाना कर दिया है ग़म–ए–रोज़गार ने

अब ऐ दिल–ए–तबाह तेरा किया ख़याल है
हम तो चले थे काकुल–ए–गीती संवारने

• • •

آوازِ آدم

دبے گی کب تلک آوازِ آدم ہم بھی دیکھیں گے
رکیں گے کب تلک جذبات بر ہم ہم بھی دیکھیں گے
چلو یوں ہی سہی یہ جورِ پیہم ہم بھی دیکھیں گے

درِ زنداں سے دیکھیں یا عروجِ دار سے دیکھیں
تمہارے رسوا سرِ بازار عالم ہم بھی دیکھیں گے
ذرا دم لو مآلِ شوکتِ جم ہم بھی دیکھیں گے

بہ زعم قوتِ فولاد آہن ، دیکھ لو تم بھی
بہ فیض جذبہ ایمانِ محکم، ہم بھی دیکھیں گے
جبینِ کج کلاہی خاک پر خم، ہم بھی دیکھیں گے

مکافاتِ عمل تاریخ کہنے کی روایت ہے
کروگے کب تلک ناوک فراہم ہم بھی دیکھیں گے
کہاں تک ہے تمہارے ظلم میں دم ہم بھی دیکھیں گے

یہ ہنگامِ وداعِ شب ہے، اے ظلمت کے فرزندو
سحر کے دوش پر گلنار پرچم ہم بھی دیکھیں گے
تمہیں بھی دیکھنا ہوگا یہ عالم، ہم بھی دیکھیں گے

* * *

VOICE OF ADAM

How long the voice of adam in suppression, we shall also see
How long the ruffled passions in depression, we shall also see
So be it this inequitous procession, we shall also see

We may see from prison maze, or see from gallow's gaze
Your victims, on view, under open aggression,we shall also see
After a little breather, autocratic digression, we shall also see

They depend on iron and sword, you should see their horde
We depend on our inner obsession, we shall also see
The arrogant will bite the dust in session, we shall also see

Old history is so replete, with lessons so discrete
How long will any one practise repression, we shall also see
How long will injustice be in progression, we shall also see

This is the end of benighted night, O scions of blight
In the dawn's clear light, an impression, we shall also see
You will see the happy expression, we shall also see

* * *

āvāz-e-ādam

dabegī kaba talaka āvāza-e-ādama hama bhī dekheṅge
rūkeṅge kaba talaka jazbāta-birahama hama bhī dekheṅge
calo yūṃhī sahī yaha jora-pehama hama bhī dekheṅge

dara-e-zindāṃ se dekheṃ, urūja-e-dāra se dekheṃ
tumhāre rūsavā sare bāzāra ālama hama bhī dekheṅge
zarā dama lo māla-e-śokata-e-jama hama bhī dekheṅge

bā zāma quvvata-e-faulāda āhana, dekha lo tuma bhī
bā faiza jazbā-e-īmāna mohakama, hama bhī dekheṅge
jabīna-e-kaja kalāhī k͟hāka para k͟hama hama bhī dekheṅge

makānāta-e-amala tārīk͟ha kahane kī rivāyata hai
karoge kaba talaka nāvuka farāhama hama bhī dekheṅge
kahāṃ taka hai tumhāre zulma meṃ dama hama bhī dekheṅge

yaha haṅgāmā-e-vidā-e-śaba hai, ai zulmata ke farazando
sahara ke dośa para gulanāra paracama hama bhī dekheṅge
tumheṃ bhī dekhanā hogā yaha ālama hama bhī dekheṅge

* * *

आवाज़-ए-आदम

दबेगी कब तलक आवाज़–ए–आदम हम भी देखेंगे
रूकेंगे कब तलक जज़्बात–ए–बिरहम हम भी देखेंगे
चलो यूंही सही यह जोर–ए–पेहम हम भी देखेंगे

दर–ए–ज़िन्दाँ से देखें, उरूज–ए–दार से देखें
तुम्हारे रूसवा सरे बाज़ार आलम हम भी देखेंगे
ज़रा दम लो माल–ए–शोकत–ए–जम हम भी देखेंगे

बा ज़ाम कुव्वत–ए–फ़ौलाद आहन, देख लो तुम भी
बा फ़ैज़ जज़्बा–ए–ईमान मोहकम, हम भी देखेंगे
जबीन–ए–कज कलाही ख़ाक पर ख़म हम भी देखेंगे

मकानात–ए–अमल तारीख़ कहने की रिवायत है
करोगे कब तलक नावुक फराहम हम भी देखेंगे
कहां तक है तुम्हारे ज़ुल्म में दम हम भी देखेंगे

यह हंगामा–ए–विदा–ए–शब है, ऐ ज़ुल्मत के फ़रज़न्दो
सहर के दोश पर गुलनार परचम हम भी देखेंगे
तुम्हें भी देखना होगा यह आलम हम भी देखेंगे

* * *

تقدیر....

تدبیر سے بگڑی ہوئی تقدیر بنالے
اپنے پہ بھروسہ ہے تو یہ داؤ لگالے

ڈرتا ہے زمانے کی نگاہوں سے بھلا کیوں
انصاف ترے ساتھ ہے الزام اٹھالے

کیا خاک وہ جینا ہے جو اپنے ہی لئے ہو
خود مٹ کے کسی اور کو مٹنے سے بچالے

ٹوٹے ہوئے پتوار ہیں کشتی کے تو غم کیا
ہاری ہوئی باہوں کو ہی پتوار بنالے

* * *

FATE....

With strategem, you overcome your ruined fate
If you trust your ambit, this gambit you demonstrate

Justice is on your side, you have nothing to hide
Why be afraid, if the world will scold and berate

That is hardly a living, if you live only for self
From your dust, when die you must, let someone incarnate

What if the boat is rudderless, not to rock the boat
become yourself a boatswain, ready to innovate

* * *

taqadīr....

tadabīra se bigaḍī huī taqadīra banā le
apane pe bharosā hai to yaha dāva lagāle

ḍaratā hai zamāne kī nigāhoṃ se bhalā kyoṃ
insāfa tere sāthā hai ilzāma uṭhāle

kyā k̲h̲āka voha jīnā hai jo apane hī liye ho
k̲h̲uda miṭa ke kisī aura ko miṭane se bacāle

ṭūṭe hue patavāra haiṃ kiśtī ke to g̲h̲ama kyā
hārī huī bāṃhoṃ ko hī patavāra banāle

* * *

तक़दीर....

तदबीर से बिगड़ी हुई तक़दीर बना ले
अपने पे भरोसा है तो यह दाव लगाले

डरता है ज़माने की निगाहों से भला क्यों
इन्साफ़ तेरे साथ है इल्ज़ाम उठाले

क्या ख़ाक वोह जीना है जो अपने ही लिये हो
खुद मिट के किसी और को मिटने से बचाले

टूटे हुए पतवार हैं किश्ती के तो ग़म क्या
हारी हुई बांहों को ही पतवार बनाले

* * *

قرار نہیں....

ہوس نصیب نظر کو کہیں قرار نہیں
میں منتظر ہوں مگر تیرا انتظار نہیں

ہمیں سے رنگِ گلستاں ہمیں سے رنگِ بہار
ہمیں کو نظمِ گلستاں پہ اختیار نہیں

ابھی نہ چھیڑ محبت کے گیت اے مطرب
ابھی حیات کا ماحول خوشگوار نہیں

تمہارے عہدِ وفا کو میں عہد کیا سمجھوں
مجھے خود اپنی محبت کا اعتبا نہیں

نہ جانے کتنے گلے اس میں مضطرب ہیں ندیم
وہ ایک دل جو کسی کا گلہ گزار نہیں

گریز کا نہیں قائل حیات سے لیکن
جو سچ کہوں تو مجھے موت نہ گوار نہیں

یہ کس مقام پہ پہنچا دیا زمانے نے
کہ اب حیات پر تیرا بھی اختیار نہیں

* * *

LUSTLESSNESS....

Lustfulness is lustlessness, sight is not sedate
I wait for my turn, for you I do not lie in wait

We provide colour to garden, to spring its efflorescence
Affairs of garden, however in essence, we cannot articulate

Do not sing songs of love, O you troubadour
Environs of life are not conducive to contemplate

How to regard your fealty as a firm pledge
My own bets on love I hedge, I cannot explicate

Who knows how many plaints pulsate, O my friend
In a heart which does not smart or agitate

I do not approve of not withstanding life's challenge
But, in truth, I do not reprove death to terminate

Where in the world I have landed, by force of circumstances
There is nothing left in life for you to dictate

* * *

qarār nahīṇ....

havasa nasība nazara ko kahīṃ qarāra nahiṃ
maiṃ muntazira hūṃ magara terā inatezāra nahiṃ

hamīṃ se raṅga-e-gulistāṃ hamīṃ se raṅga-e-bahāra
hamīṃ ko nazama-e-gulistāṃ pe ik͟hatiyāra nahīṃ

abhī na cheḓa mauhabbata ke gīta ai mataraba
abhī hayāta kā māhaula k͟huśgavāra nahīṃ

tumhāre ahada-e-vafā ko maiṃ ahada kyā samajhūṃ
mujhe k͟huda apanī mauhabbata pe etabāra nahīṃ

nā jāne kitane gile isa meṃ muzatariba haiṃ nadīma
voha eka dila jo kisī kā gilā guzāra nahīṃ

gureza kā nahīṃ qāyala hayāta se lekina
jo saca kahūṃ to mujhe mauta nā gavāra nahīṃ

yaha kisa muqāma pe pahuñcā diyā zamāne ne
ki hayāta para terā bhī ik͟hatiyāra nahīṃ

* * *

क़रार नहीं....

हवस नसीब नज़र को कहीं क़रार नहीं
मैं मुन्तज़िर हूं मगर तेरा इन्तेज़ार नहीं

हमीं से रंग–ए–गुलिस्तां हमीं से रंग–ए–बहार
हमीं को नज़म–ए–गुलिस्तां पे इख़तियार नहीं

अभी न छेड़ मौहब्बत के गीत ऐ मतरब
अभी हयात का माहौल ख़ुशगवार नहीं

तुम्हारे अहद–ए–वफ़ा को मैं अहद क्या समझूं
मुझे ख़ुद अपनी मौहब्बत पे एतबार नहीं

ना जाने कितने गिले इस में मुज़तरिब हैं नदीम
वोह एक दिल जो किसी का गिला गुज़ार नहीं

गुरेज़ का नहीं क़ायल हयात से लेकिन
जो सच कहूं तो मुझे मौत ना गवार नहीं

यह किस मुक़ाम पे पहुंचा दिया ज़माने ने
कि हयात पर तेरा भी इख़तियार नहीं

• • •

میرے گیت تمہارے ہیں

اب تک میرے گیتوں میں امید بھی تھی پسپائی بھی
موت کے قدموں کی آہٹ بھی، جیون کی انگڑائی بھی
مستقبل کی کرنیں بھی تھیں، حال کی بوجھل ظلمت بھی
طوفانوں کا شور بھی تھا، اور خوابوں کی شہنائی بھی

آج سے میں اپنے گیتوں میں آتش پارے بھر دوں گا
مدھم لچکیلی تانوں میں جیوٹ دھارے بھر دوں گا
جیون کے اندھیارے پتھ پر مشعل لے کر نکلوں گا
دھرتی کے پھیلے آنچل پر سرخ ستارے بھر دوں گا

آج سے اے مزدور کسانو! میرے گیت تمہارے ہیں
فاقہ کش انسانو! میرے جوگ بھاگ تمہارے ہیں
جب تک تم بھوکے ننگے ہو، یہ شعلے خاموش نہ ہونگے
جب تک بے آرام ہو تم، یہ نغمے راحت کوش نہ ہونگے

مجھ کو اس کا رنج نہیں ہے لوگ مجھے فنکار نہ مانیں
فکر و سخن کے تاجر میرے شعروں کو اشعار نہ مانیں
میرا فن، میری امیدیں آج سے تم کو ارپن ہیں
آج سے میرے گیت تمہارے دُکھ اور سکھ کا درپن ہیں

• • •

MY SONGS ARE FOR YOU

Till now, my songs reflected hope as well as defeat
Also death to quietly cheat, also life vibrant discrete
Also th future's projection, also the present incomplete
Also the din and noise of action, and also blissful retreat

From to day my songs shall be all afire
In my tuneful lyrics will be fearlessness to conspire
On the darkened path of life, with light I shall inspire
I shall spread the fiery message on God's earth entire

From today O workers and peasants ! are my songs for you
O you starving masses ! are my right and wrongs for you
As long as you are starving and naked, these flames will not be extinguished
As long as you are restless, will these lyrics be less than distinguished

I am not a bit concerned if they abuse my verse
These purveyors of criticism degrade my art as worse
My art, my hope are today dedicated for you
From today are my songs predicated for you

● ● ●

mere git tumhāre haiṃ

aba taka mere gītoṃ meṃ ummīda bhī thī paspāī bhī
mauta ke qadamoṃ kī āhaṭa bhī, jīvana kī aṃgaḍāī bhī
mustaqabila kī kiraneṃ bhī thī, hāla kī bojhala zulmata bhī
tūfānoṃ kā śora bhī thā, aura k͟huvāboṃ kī śahanāī bhī

āja se maiṃ apane gītoṃ meṃ ātiśa pāre bharadūṅgā
madhama lacakīlī tānoṃ meṃ jīvaṭa dhāre bharadūṅgā
jīvana ke aṃdhiyāre pala para maśāla le kara nikalūṅgā
dharatī ke phaile āṃcala para surk͟ha sitāre bharadūṅgā

āja se ai mazadūra kisānoṃ, mere gita tumhāre haiṃ
fāqā-kaśa insānoṃ, mere joga bahāga tumhāre haiṃ
jaba taka tuma bhūke nange ho, yaha śaule k͟hāmośa na hoṅge
jaba taka beārāma ho tuma, yaha nag͟hame rāhata-kauśa na hoṅge

mujha ko isa kā ranja nahīṃ hai loga mujhe fankāra na māneṃ
fikara-o-suk͟hana ke tājira mere śairoṃ ko aśāra na māneṃ
merā fana merī ummideṃ, āja se tuma ko arpana haiṃ
āja se mere gīta tumhāre dukha aura sukha kā darpana haiṃ

• • •

मेरे गीत तुम्हारे हैं

अब तक मेरे गीतों में उम्मीद भी थी पस्पाई भी
मौत के क़दमों की आहट भी, जीवन की अंगड़ाई भी
मुस्तक़बिल की किरनें भी थी, हाल की बोझल ज़ुल्मत भी
तूफ़ानों का शोर भी था, और ख़ुवाबों की शहनाई भी

आज से मैं अपने गीतों में आतिश पारे भरदूंगा
मधम लचकीली तानों में जीवट धारे भरदूंगा
जीवन के अंधियारे पल पर मशाल ले कर निकलूंगा
धरती के फैले आंचल पर सुर्ख़ सितारे भरदूंगा

आज से ऐ मज़दूर किसानों ! मेरे गीत तुमहारे हैं
फ़ाक़ा-कश इन्सानो ! मेरे जोग बहाग तुम्हारे हैं
जब तक तुम भूके नंगे हो, यह शौले ख़ामोश न होंगे
जब तक बेआराम हो तुम, यह नग़मे राहत-कोश न होंगे

मुझ को इस का रंज नहीं है लोग मुझे फ़न्कार न मानें
फ़िकर-ओ-सुखन के ताजिर मेरे शैरों को अश्आर न मानें
मेरा फ़न मेरी उम्मीदें, आज से तुम को अर्पन हैं
आज से मेरे गीत तुम्हारे दुख और सुख का दर्पन हैं

• • •

گھٹن

بہت گھٹن ہے کوئی صورتِ بیاں نکلے
اگر صدا نہ اٹھے، کم سے کم فغاں نکلے

فقیر شہر کے تن پر لباس باقی ہے
امیر شہر کے ارماں ابھی کہاں نکلے

حقیقتیں ہیں سلامت تو خواب بہتیرے
اداس کیوں ہو جو کچھ خواب رائیگاں نکلے

وہ فلسفے جو ہر اک آستاں کے دشمن تھے
عمل میں آئے تو خود وقفِ آستاں نکلے

ادھر بھی خاک اڑی ہے، ادھر بھی زخم پڑے
جدھر سے ہو کے بہاروں کے کارواں نکلے

ستم کے دور میں ہم اہلِ دل ہی کام آئے
زباں پہ ناز تھا جن کو وہ بے زباں نکلے

* * *

THE SUFFOCATION

There is suffocation, let there be modes of communication
If whisper will not avail, at least high pitch lamentation

There is still a garment patch on the mendicant in town
The inquisitor is still not satified with his humiliation

If realities are sound, dreams will abound
Not to cofound, if some dreams lead to frustration

The concepts which had challenged the conservative thought
In practice, they were the first to accept orientation

Dust has blown here, sores have grown there
Where the breeze of spring had passed, it caused desolation

In the days of desperation, we were people with motivation
They were found wanting who were fond of calculation

* * *

ghuṭan

bahuta ghuṭana hai koī sūrata bayāṃ nikale
agara sadā na uṭhe, kama se kama fug͟hāṃ nikale

faqire śahara ke tana para libāsa bāqī hai
amīre śahara ke aramāṃ abhī kahāṃ nikale

haqīqateṃ haiṃ salāmata to k͟huvāba bahutere
udāsa kyoṃ ho jo kucha k͟huvāba rāyegāṃ nikale

voha falasafe jo hara ika āstāṃ ke duśmana the
amala meṃ āe to k͟huda vaqafa-e-āstāṃ nikale

idhara bhī k͟hāka uḋī hai, udhara bhī zak͟hama paḋe
jidhara se hoke bahāroṃ ke kāravāṃ nikale

sitama ke daura meṃ hama ehala-e-dila hī kāma āe
zubāṃ pe nāza thā jina ko voha be-zubāṃ nikale

✹ ✹ ✹

घुटन

बहुत घुटन है कोई सूरत बयाँ निकले
अगर सदा न उठे, कम से कम फुग़ाँ निकले

फ़कीरे शहर के तन पर लिबास बाक़ी है
अमीरे शहर के अरमां अभी कहां निकले

हक़ीक़तें हैं सलामत तो ख़ुवाब बहुतेरे
उदास क्यों हो जो कुछ ख़ुवाब रायेगां निकले

वोह फ़लसफ़े जो हर इक आस्तां के दुश्मन
अमल में आए तो ख़ुद वक़्फ़–ए–आस्तां निकले

इधर भी ख़ाक उड़ी है, उधर भी ज़ख़्म पड़े
जिधर से होके बहारों के कारवां निकले

सितम के दौर में हम एहल–ए–दिल ही काम आए
ज़ुबाँ पे नाज़ था जिन को वोह बे–ज़ुबाँ निकले

• • •

نغمہ

نغمہ جو ہے وہ روح میں ہے، لے میں کچھ نہیں
گر تجھ میں کچھ نہیں، تو کسی شے میں کچھ نہیں

تیرے لہو کی آنچ سے گرمی ہے جسم کی
مے کے ہزار وصف سہی، مے میں کچھ نہیں

جس میں خلوصِ فکر نہ ہو، وہ سخن فضول
جس میں نہ دل شریک ہو، اس لے میں کچھ نہیں

کشکولِ فن اٹھا کے سوئے خسرواں نہ جا
اب دستِ اختیارِ جم و کے میں کچھ نہیں

* * *

LYRIC....

Lyric is in one's soul, not in the stem of reed
If you have nothing in you, then wind cannot read

With your blood on boil, your body is in broil
Wine has kaleidoscopic facets, yet has nothing indeed

If no sincerity in thought, then talk amounts to nought
If heart is out of sorts, then tune cannot succeed

With hat in hand, don't you be begging for a handout
your talent is in your hand, a hand you do not need

* * *

naghmā

nag͟hamā jo hai voha rūha meṃ hai, lai meṃ kucha nahīṃ
gara tujha meṃ kucha nahīṃ, to kisī śai meṃ kucha nahīṃ

tere lahū kī āṃca se garamī hai jisma kī
mai ke hazāroṃ vasfa sahī, mai meṃ kucha nahīṃ

jisa meṃ k͟hulūsa-e-fikra na ho, vona suk͟hana fizūla
jisa meṃ na dila śarīka ho, usa lai meṃ kucha nahīṃ

kaśkola fana uṭhā ke soe-k͟husaravāṃ na jā
aba dasta-e-ik͟hatiyāra jamo kai meṃ kucha nahīṃ

✹ ✹ ✹

नग़मा

नग़मा जो है वोह रूह में है, लै में कुछ नहीं
गर तुझ में कुछ नहीं, तो किसी शै में कुछ नहीं

तेरे लहू की आंच से गरमी है जिस्म की
मै के हजारों वस्फ़ सही, मै में कुछ नहीं

जिस में ख़ुलूस–ए–फ़िक्र न हो, वोह सुख़न फ़िज़ूल
जिस में न दिल शरीक हो, उस लै में कुछ नहीं

कश्कोल फ़न उठा के सोए–ख़ुसरवाँ न जा
अब दस्त–ए–इख़तियार जमो–कै में कुछ नहीं

* * *

رجعت پسند

رجعت پسند ہوں کہ ترقی پسند ہوں
اس بحث کو فضول و عبث جانتا ہوں میں

آئینۂ حوادثِ ہستی ہیں میرے شعر
جو دیکھتا رہا ہوں وہ کہتا رہا ہوں میں

تاروں کی انجمن سے مجھے واسطہ نہیں
انسانیت پہ اشک بہاتا رہا ہوں میں

دنیا نے تجربات و حوادث کی شکل میں
جو کچھ مجھے دیا ہے وہ لوٹا تا رہا ہوں میں

* * *

CONSERVATIVE

Am I conservative by nature, or a progressive mind
The controversy is a trifle, I regard it a sort of bind

My verses are a mirror, to reflect the vagaries of nature
I have penned what I have seen, without an axe to grind

I have nothing whatever to do with stars in their heaven
I am here down to earth, I grieve for the mankind

Whatever the world gave me, as challange and experiment
I hand it back with compliment, leaving nothing behind

* * *

rajat pasand

rajaata pasanda hūṃ ke tarakqī pasanda hūṃ maiṃ
isa bahasa ko fizūla-o-abasa jānatā hūṃ maiṃ

āinā-e-havādisa-e-hastī haiṃ mere saira
jo dekhatā rahā hūṃ voha kahatā rahā hūṃ maiṃ

tāroṃ kī anjumana se mujhe vāsatā nahīṃ
insāniyata pe aśka bahātā rahā hūṃ maiṃ

duniyā ne tajurbāta-o-havādisa kī śakala meṃ
jo kucha mujhe diyā hai voha lauṭātā rahā hūṃ maiṃ

* * *

रजअत पसंद

रजअत पसंद हूं के तरक़्क़ी पसंद हूं मैं
इस बहस को फ़िज़ूल–ओ–अबस जानता हूं मैं

आइना–ए–हवादिस–ए–हस्ती हैं मेरे शैर
जो देखता रहा हूं वोह कहता रहा हूं मैं

तारों की अन्जुमन से मुझे वासता नहीं
इन्सानियत पे अश्क बहाता रहा हूं मैं

दुनिया ने तजुर्बात–ओ–हवादिस की शकल में
जो कुछ मुझे दिया है वोह लौटाता रहा हूं मैं

• • •

تبسّم

تیرے ہونٹوں پہ تبسّم کی وہ ہلکی سی لکیر
میری تخّیل میں رہ رہ کے جھلک اٹھتی ہے
یوں اچانک تیرے عارض کا خیال آتا ہے
جیسے ظلمت میں کوئی شمع بھڑک اٹھتی ہے

میں سلگتے ہوئے رازوں کو عیاں تو کردوں
لیکن ان رازوں کی تشہیر سے جی ڈرتا ہے
رات کے خواب اجالے میں بیاں تو کردوں
ان حسیں خوابوں کی تعبیر سے جی ڈرتا ہے

تیری سانسوں کی تھکن، تیری نگاہوں کا سکوت
در حقیقت کوئی رنگین شرارت ہی نہ ہو
میں جسے پیار کا انداز سمجھ بیٹھا ہوں
وہ تبسّم وہ تکلم تیری عادت ہی نہ ہو

کہیں ایسا نہ ہو پاؤں مرے تھرّا جائیں
اور تری مرمریں باہوں کا سہارا نہ ملے
اشک بہتے رہیں خاموش سیاہ راتوں میں
اور ترے ریشمی آنچل کا کنارا نہ ملے

Smile !

On your lips is such monalisa smile
In my imagination, it constantly amuses
As, suddenly, I think of your rosy cheeks
As if its light, a candle in the darkness diffuses

Divulge the smouldering secrets, if I
But for the secrets to be published, I am te
Dreams of night I may explain aright, in the light
For the pleasant dreams, however, interpretation is

Your breathlessness, your aweful eyefulness
I hope they do not deceive me in the eye
What I imagine as a fine expression of loveliness
May be that smile and speech are normal for you to ply

I hope it does not happen that I stumble as I m
That your blissful arms do not support me in my pl
That tears may keep flowing in the dark quiet of n
That your silken robe is not within my reach to deli

* * *

tabassum

tere hoṇṭoṃ pe tabassuma kī voha halkī sī lakīra
merī takhayyula meṃ raha raha ke jhalaka uṭhatī hai
yūṃ acānaka tere āriza kā khayāla ātā hai
jaise zulmata meṃ koī śamā bhaḍaka uṭhatī hai

maiṃ sulagate huai rāzoṃ ko ayāṃ to karadūṃ
lekina ina rāzoṃ kī taśhīra se jī ḍaratā hai
rāta ke khuvāba ujāle meṃ bayāṃ to kara dūṃ
una hasīṃ khuvāboṃ kī tābīra se jī ḍaratā hai

terī sāṃsoṃ kī thakana, terī nigāhoṃ kā sakūta
dara haqīqata koī raṅgīna śarārata ahī na ho
maiṃ jise pyāra kā aṃdāza samajha baiṭhā hūṃ
voha tabassuma voha takalluma terī ādata hī na ho

kahīṃ aisā na ho pāṃva mere tharrā jāyeṃ
aura terī maramarī bāṃhoṃ kā sahārā na mile
aśka bahate raheṃ khāmośa siyāha rātoṃ meṃ
aura tere reśmī āṃcala kā sahārā na mile

* * *

तबस्सुम

तेरे होंटों पे तबस्सुम की वोह हल्की सी लकीर
मेरी तख़य्युल में रह रह के झलक उठती है
यूं अचानक तेरे आरिज़ का ख़याल आता है
जैसे ज़ुल्मत में कोई शमा भड़क उठती है

मैं सुलगते हुए राज़ों को अयां तो करदूं
लेकिन इन राज़ों की तश्हीर से जी डरता है
रात के ख़ुवाब उजाले में बयाँ तो कर दूं
उन हसीं ख़ुवाबों की ताबीर से जी डरता है

तेरी सांसों की थकन, तेरी निगाहों का सकूत
दर हक़ीक़त कोई रंगीन शरारत ही न हो
मैं जिसे प्यार का अंदाज़ समझ बैठा हूं
वोह तबस्सुम वोह तकल्लुम तेरी आदत ही न हो

कहीं ऐसा न हो पांव मेरे थर्रा जायें
और तेरी मरमरी बांहों का सहारा न मिले
अश्क बहते रहें ख़ामोश सियाह रातों में
और तेरे रेश्मी आंचल का सहारा न मिले

• • •

نیا سفر ہے....

فریب جنت فردا کے جال ٹوٹ گئے
حیات اپنی امیدوں پہ شرمسار سی ہے
چمن میں جشن و رود بہار ہو بھی چکا
مگر نگاہِ گل و لالہ سوگوار سی ہے

فضا میں گرم بگولوں کا رقص جاری ہے
افق پہ خون کی مینا چھلک رہی ہے ابھی
کہاں کا سرِ منور، کہاں کی تنویریں
کہ بام و در پہ سیاہی جھلک رہی ہے ابھی

فضائیں سوچ رہی ہیں کہ ابنِ آدم نے
خرد گنوا کے جنوں آزما کے کیا پایا
وہی شکستِ تمنّا وہی غم ایام
نگارِ زیست نے سب کچھ لٹا کے کیا پایا

سفر نصیب رفیقو، قدم بڑھائے چلو
پرانے رہنما لوٹ کر نہ دیکھیں گے
طلوعِ صبح سے تاروں کی موت ہوتی ہے
شبوں کے راج دلارے ادھر نہ دیکھیں گے

* * *

START YOUR JOURNEY AFRESH....

The spell of promised paradise has been broken
Life is a bit peeved over its hopelessness
In the garden, spring is here with fanfare to betoken
But efflorescence is grieved over its colourlessness

High above, hot gusts of wind blow amd spread
On the horizon, twilight has dyed sky's apparel red
Where is the incandescent sun with its light to shed
That on the habitat, darkness has descended to dread

Environs are puzzled as to what has man bargained
By abrogating wisdom for untried volition
All forlorn, bereft of hope, tale of woe sustained
Having lost artfulness and life's lofty condition

O you devoted trekkers ! keep going your way
The old guides will loathe to look away
Dawn is born with a thousand stars, demise
Old guardians of night will not turn to look this way

* * *

nayā safar hai....

fareba jannata-e-faradā ke jāla ṭūṭa gae
hayāta apanī ummīdoṃ para śarma sārī hai
camana meṃ jaśana-o-rūde bahāra ho bhī cukā
magara nigāha-e-gula-o-lālā sogavāra sī hai

fizā meṃ garma bagūloṃ kā saqasa jārī hai
ufaqa pe k͟hūna kī mīnā chalaka rahī hai abhī
kahāṃ kā sare-munavara, kahāṃ kī tanvīreṃ
ki bāma-o-dara pe siyāhī jhalaka rahī hai abhī

fizāyeṃ soca rahīṃ haiṃ ke ibja-e-ādama ne
k͟hirda gaṃvā ke junūṃ āzamā ke kyā pāyā
vahī śakista-e-tamannā vahī g͟hama-e-āyāma
nigāra-e-zīsata ne saba kucha luṭā ke kyā pāyā

safara nasība rafīqo! qadama baḍhāye calo
purāne rahanumā lauṭa kara na dekheṅge
talū-e-subaha se tāroṃ kī mauta hotī hai
śaboṃ ke rāja dulāre udhara na dekheṅge

* * *

नया सफ़र है....

फ़रेब जन्नत–ए–फ़रदा के जाल टूट गए
हयात अपनी उम्मीदों पर शर्मसारी है
चमन में जशन–ओ–रूदे बहार हो भी चुका
मगर निगाह–ए–गुल–ओ–लाला सोगवार सी है

फ़िज़ा में गर्म बगूलों का रक़्स जारी है
उफ़क़ पे ख़ून की मीना छलक रही है अभी
कहां का सरे–मुनवर, कहां की तन्वीरें
कि बाम–ओ–दर पे सियाही झलक रही है अभी

फ़िज़ायें सोच रहीं हैं के इब्न–ए–आदम ने
ख़िरद गंवा के जुनूं आज़मा के क्या पाया
वही शिकस्त–ए–तमन्ना वही ग़म–ए–अयाम
निगार–ए–ज़ीस्त ने सब कुछ लुटा के क्या पाया

सफ़र नसीब रफ़ीक़ो ! क़दम बढ़ाये चलो
पुराने रहनुमा लौट कर न देखेंगे
तलू–ए–सुबह से तारों की मौत होती है
शबों के राज दुलारे उधर न देखेंगे

* * *

ورثہ

یہ وطن تیری میری نسل کی جاگیر نہیں
سینکڑوں نسلوں کی محنت نے سنوارا ہے اسے

کتنے ذہنوں کا لہو، کتنی نگاہوں کا عرق
کتنے چہروں کی حیا، کتنی حسینوں کی شفق
خاک کی نذر ہوئی تو یہ نظارے نکھرے

تیری تخلیق نہیں ہے، میری تخلیق نہیں
ہم اگر ضد بھی کریں اس پہ تو تصدیق نہیں

تیرے قدموں کے تلے یا میرے قدموں کے تلے
نوع انساں کے شب و روز کی تقدیر نہیں
یہ وطن تیری مری نسل کی جاگیر نہیں
سینکڑوں نسلوں کی محنت نہ سنوار ہے اسے

اُن کا ورثہ ہو کھنڈر، یہ ستم ایجاد نہ کر
تیری تخلیق نہیں ، جو اسے برباد نہ کر

• • •

HERITAGE

This land for your and my generation is not an estate
Countless generations gone before, have embellished it to this state

How many minds at work, how many visions to bestir
How many brows sweat, how many souls astir
Dedicated to the land, for our eyes to please and stir

This is not your causation, this is not my creation
If we insist on justification, there is no confirmation

Not under your feet is entwined, not under my feet is ingrained
Mankind's daily grid, or mankind's fate ordained
Your and my generation has not for this land bargained
Countless generations gone before have embellished and sustained

That their heritage is blitzed, no contrivance you invent
Don't you let it go to bits, what was started with their advent

* * *

virsā

yaha vatana terī merī nasala kī jāgīra nahīṃ
seṅkaḓoṃ nasaloṃ kī mehanata ne saṃvārā hai ise

kitane zehanoṃ kā lahū kitanī nigāhoṃ kā arqa
kitane ceharoṃ kī hayā, kitanī hasīnoṃ kī śafaqa
k͟hāka kī nazara huī to yaha nazāre nikhare

terī tak͟halīqa nahīṃ hai, merī tak͟halīqa nahīṃ hai
hama agara zida bhī kareṃ usa pe to tasdīqa nahīṃ hai

tere qadamoṃ ke tale yā mere qadamoṃ ke tale
nau-e-insāṃ ke śaba-o-roza kī taqadīra nahīṃ
yaha vatana terī merī nasla kī jāgīra nahīṃ
seṅkaḓoṃ nasaloṃ kī mehanata na saṃvārā hai ise

una kā avirasā ho khaṇḍara, yaha sitama ījāda na kara
terī tak͟halīqa nahīṃ, jo use barbāda na kara

* * *

विरसा

यह वतन तेरी मेरी नसल की जागीर नहीं
सेंकड़ों नसलों की मेहनत ने संवारा है इसे

कितने ज़ेहनों का लहू कितनी निगाहों का अर्क़
कितने चेहरों की हया, कितनी हसीनों की शफ़क़
ख़ाक की नज़र हुई तो यह नज़ारे निखरे

तेरी तख़लीक़ नहीं है, मेरी तख़लीक़ नहीं है
हम अगर ज़िद भी करें उस पे तो तस्दीक़ नहीं है

तेरे क़दमों के तले या मेरे क़दमों के तले
नौ–ए–इन्साँ के शब–ओ–रोज़ की तक़दीर नहीं
यह वतन तेरी मेरी नस्ल की जागीर नहीं
सेंकड़ों नसलों की मेहनत ने संवारा है इसे

उन का विरसा हो खंडर, यह सितम ईजाद न कर
तेरी तख़लीक़ नहीं, जो उसे बर्बाद न कर

✱ ✱ ✱

زندگی سے انس ہے

زندگی سے انس ہے حسن سے لگاؤ ہے
دھڑکنوں میں آج بھی عشق کا الاؤ ہے
دل ابھی بجھا نہیں

حرفِ حق عزیز ہے ظلم ناگوار ہے
عہدِ نو سے آج بھی عہد استوار ہے
میں ابھی مرا نہیں

رنگ بھر رہا ہوں میں خاکۂ حیات میں
آج بھی ہوں منہمک فکرِ کائنات میں
غم ابھی لٹا نہیں

* * *

WE HAVE ZEST FOR LIFE

We have zest for life We are at home with beauty
Even to day in our heart beat We are at home with love's duty
Heart is still alive and well

Word of truth we hold dear Injustice is abhorrent
Even to day we give our pledge To rally round order emergent
Fears of death I dispel

I am filling colours In the life's portrait
I am even today engrossed With the worries of world innate
Worreis still prevail and swell

* * *

zindagī se uns haĩ

zindagī se unsa hai husna se lagāva hai
dhaḓakanoṃ meṃ āja bhī iśqa kā lagāva hai
dila abhī bujhā nahīṃ

harfa-e-haqa azīza hai zulma nā-gavāra hai
ehada-e-nau se āja bhī ehada-istavāra hai
maiṃ abhī marā nahīṃ

raṅga bhara rahā hūṃ maiṃ k̲h̲ākā-e-hayāta meṃ
āja bhī hūṃ munahamika fikara-e-kāināta meṃ
g̲h̲ama abhī luṭā nahīṃ

✹ ✹ ✹

ज़िन्दगी से उन्स है

ज़िन्दगी से उन्स है हुस्न से लगाव है
धड़कनों में आज भी इश्क़ का लगाव है
दिल अभी बुझा नहीं

हर्फ़–ए–हक़ अज़ीज़ है ज़ुल्म ना–गवार है
एहद–ए–नौ से आज भी एहद–ए–इस्तवार है
मैं अभी मरा नहीं

रंग भर रहा हूं मैं ख़ाका–ए–हयात में
आज भी हूं मुनहमिक फ़िकर–ए–काइनात में
ग़म अभी लुटा नहीं

• • •

زمیں

یہ زمیں جس قدر سجائی گئی
زندگی کی تڑپ بڑھائی گئی

آئینے سے بگڑ کر بیٹھ گئے
جن کی صورت جنہیں دکھائی گئی

دشمنوں ہی سے بیر نبھ جائے
دوستوں سے تو آشنا ئی گئی

نسل در نسل انتظار رہتا
قصر ٹوٹے نہ بے نوائی گئی

ہم نہ اوتار تھے نہ پیغمبر
کیوں یہ عظمت ہمیں دلائی گئی

موت پائی صلیب پر ہم نے
عمر بن باس میں بِتائی گئی

* * *

LAND....

However much this land was renovated
Our suffering for life was aggravated

Whoever looked into looking glass
With the looking glass were agitated

Animosity with enemies was ended
Amity with friends was alienated

We waited from generation to generation
Our wants were not satiated

We were not priest or prophet
For greatness why we were fated

We were crucified on the gallows
In exile our hopes were decimated

* * *

zamīn

yaha zamīna jisa qadara sajāī gaī
zindagī kī taḍapa baḍhāī gaī

āīne se bigaḍa kara baiṭha gae
jina kī sūrata jinheṃ dikhāī gaī

duśmanoṃ hī se baira nibha jāye
dostoṃ se to āśnāī gaī

nasla-dara-nasla intezāra rahā
kasara ṭūṭe na benavāī gaī

hama na avatāra the na paig͟hamabara
kyoṃ yaha azamata hameṃ dilāī gaī

mauta pāī salība para hama ne
umara bana-bāsa meṃ abitāī gaī

ज़मीन

यह ज़मीन जिस क़दर सजाई गई
ज़िन्दगी की तड़प बढ़ाई गई

आईने से बिगड़ कर बैठ गए
जिन की सूरत जिन्हें दिखाई गई

दुश्मनों ही से बैर निभ जाये
दोस्तों से तो आश्नाई गई

नस्ल–दर–नस्ल इन्तेज़ार रहा
क़सर टूटे न बेनवाई गई

हम न अवतार थे न पैग़मबर
क्यों यह अज़मत हमें दिलाई गई

मौत पाई सलीब पर हम ने
उमर बन–बास में बिताई गई

* * *

انتظار

چاند مدھم ہے آسماں چپ ہے
نیند کی گود میں جہاں چپ ہے

دور وادی میں دو دھیا بادل
جھک کے پربت کو پیار کرتے ہیں
دل میں ناکام حسرتیں لے کر
ہم تیرا انتظار کرتے ہیں

ان بہاروں کے سائے میں آجا
پھر محبت جواں رہے نہ رہے
زندگی تیرے نامرادوں پر
کل تلک مہرباں رہے نہ رہے

روز کی طرح آج بھی تارے
صبح کی گرد میں نہ کھوجائیں
آ تیرے غم میں جاگتی آنکھیں
کم سے کم ایک رات سو جائیں

* * *

WAIT

Heaven is quiescent, moon is a blur
The world is in slumber, without a stir

Milky white clouds in the distant valley
Bowing low, mountain top they caress
With unrequited longings in the heart
We wait to gain your cradled access

Come to me, in the shadow of spring
As love again may lose its sting
The fortune may have its last fling
Your lovers may then be on their brink

As usual, stars even to day
May be lost in the mist of morn
Come, so the eyes in wakeful anguish
At least may rest in a night's sojourn

* * *

intezār

cānda madhama hai āsamāṃ cupa hai
nīnda kī goda meṃ jahāṃ cupa hai

dūra vādī meṃ dūdhiyā bādala
jhuka ke parabata ko pyāra karate haiṃ
dila meṃ nākāma hasarateṃ le kara
hama terā intezāra karate haiṃ

ina bahāroṃ ke sāye meṃ ājā
phira mauhabbata javāṃ rahe na rahe
zindagī tere nā murādoṃ para
kala talaka maharabāṃ rahe na rahe

roza kī taraha āja bhī tāre
subaha kī garda meṃ na khojāyeṃ
ā tere g̲h̲ama meṃ jāgatī āṃkheṃ
kama se kama eka rāta sojāyeṃ

✸ ✸ ✸

इन्तेज़ार

चांद मधम है आसमाँ चुप है
नींद की गोद में जहाँ चुप है

दूर वादी में दूधिया बादल
झुक के परबत को प्यार करते हैं
दिल में नाकाम हसरतें ले कर
हम तेरा इन्तेज़ार करते हैं

इन बहारों के साये में आजा
फिर मौहब्बत जवाँ रहे न रहे
ज़िन्दगी तेरे ना मुरादों पर
कल तलक महरबाँ रहे न रहे

रोज़ की तरह आज भी तारे
सुबह की गर्द में न खोजायें
आ तेरे ग़म में जागती आंखें
कम से कम एक रात सोजायें

• • •

غم

جہاں میں ایسا کون ہے کہ جس کو غم ملا نہیں

دکھ اور سُکھ کے راستے
بنے ہیں سب کے واسطے
جو غم سے ہار جاؤ گے
تو کس طرح نبھاؤ گے
خوشی ملے ہمیں کہ غم
جو ہو گا بانٹ لیں گے ہم
مجھے تم آزماؤ تو
ذرا نظر ملاؤ تو
یہ جسم دو صحیح مگر
دلوں میں فاصلہ نہیں

جہاں میں ایسا کون ہے کہ جس کو غم ملا نہیں

تمہارے پیار کی قسم
تمہارا غم ہے میرا غم
نہ یوں بجھے بجھے رہو
جو دل کی بات ہے کہو
جو مجھ سے بھی چھپاؤ گے
تو پھر کسے بتاؤ گے
میں کوئی غیر تو نہیں
دلاؤں کس طرح یقین

کہ تم سے میں جدا نہیں ہوں، مجھ سے تم جدا نہیں

* * *

WOE !

Who in the world is not recipient of woe
Paths leading to ecstacy and agony
Are meant for whole human progeny
If by sorrow's hand, you lose battle
Then on all hands, you lose mettle
If we are proffered pleasure or anguish
We shall share it, but not languish
At least you subject me to test
Let's face each other with zest
There may be bodies two,
No distance between hearts to tow
Who in the world is not recipient of any woe
By your love I do swear
With you our woes, I do share
Don't be so down hearted
Don't allow your heart to be thwarted
If your secret you hide from me
Who else you will tell, not to be
Am I unbeknown to you
How to assure you, whatever is due
I am not apart from you, you are of me, if so

* * *

g̲ham

jahāṃ meṃ aisā kauna hai ki jisa ko g̲hama milā nahīṃ

dukha aura sukha ke rāste bane haiṃ sabake vāste
jo g̲hama se hāra jāoge to kisa taraha nibhāoge
k̲h̲uśī mile hameṃ ke g̲hama jo hogā bāṇṭa leṅge hama
mujhe tuma āzamāo to zarā nazara milāo to
yaha jiṣma do sahī magara diloṃ meṃ fāsalā nahīṃ
jahāṃ meṃ aisā kauna hai ki jisa ko g̲hama milā nahīṃ

tumhāre pyāra kī qasama tumhārā g̲hama hai merā g̲hama
na yoṃ bujhe bujhe raho jo dila kī bāta hai kaho
jo mujha se bhī chipāoge to phira kise batāoge
maiṃ koī g̲haira to nahīṃ dilāūṃ kisa taraha yaqī
ki tuma se meṃ judā nahīṃ hūṃ mujha se tuma judā nahīṃ

✹ ✹ ✹

ग़म

जहाँ में ऐसा कौन है कि जिस को ग़म मिला नहीं
दुख और सुख के रास्ते बने हैं सबके वास्ते
जो ग़म से हार जाओगे तो किस तरह निभाओगे
ख़ुशी मिले हमें के ग़म जो होगा बांट लेंगे हम
मुझे तुम आज़माओ तो ज़रा नज़र मिलाओ तो
यह जिस्म दो सही मगर दिलों में फ़ासला नहीं
जहाँ में ऐसा कौन है कि जिस को ग़म मिला नहीं

तुम्हारे प्यार की क़सम तुम्हारा ग़म हैं मेरा ग़म
न यों बुझे बुझे रहो जो दिल की बात है कहो
जो मुझ से भी छिपाओगे तो फिर किसे बताओगे
मैं कोई ग़ैर तो नहीं दिलाऊँ किस तरह यक़ीं
कि तुम से में जुदा नहीं हूं मुझ से तुम जुदा नहीं

* * *

ناکامی

میں نے ہر چند غمِ عشق کو کھونا چاہا
غمِ الفت غمِ دنیا میں سمونا چاہا

وہی افسانے مری سمت رواں ہیں اب تک
وہی شعلے مرے سینے میں نہاں ہیں اب تک
وہی بیکار تمنائیں جواں ہے اب تک
وہی بے سود خلش ہے مرے سینے میں ہنوز

وہی گیسو میری راتوں میں ہیں بکھرے بکھرے
وہی آنکھیں مری جانب نگراں ہیں اب تک
میری تخیّل کا شیرازہ برہم ہے وہی
میرے بجھتے ہوئے احساس کا عالم ہے وہی

وہی بے جان ارادے، وہی بے رنگ خیال
وہی بے روح کشاکش، وہی بے چین خیال
آہ اس کشمکشِ صبح و مسا کا انجام
میں بھی ناکام، مری سعیِ عمل بھی ناکام

* * *

FAILURE

To overcome woes of love, I tried my best and urged
That woes of life and woes of love with each other be merged

The same stories upto now are astir to torment
The same fire upto now in my chest is dormant

The same futile longings bestir, and find encouragement
The same nubile anguish stirs to languish in by discernment

The same tresses scattered wild for my enticement
The same eyes till now are focused for my enchantment

Constituents of my predicament are scattered wide
The world of my ebbing senses is shattered and petrified

The same lifeless intent, the same colourless content
The same remorseless conflict, the same relentless torment

Ah ! This continuous daily grind, with its tragic ending
In vain I have been contending, my efforts are heart rending

* * *

nākāmī

maiṃ ne hara canda g̲hama-e-iśqa ko khonā cāhā
g̲hama-e-ulfata, g̲hama-e-duniyā meṃ samonā cāhā

vahī afasāne merī simta ravāṃ haiṃ aba taka
vahī śaule mere sīne meṃ nihāṃ haiṃ aba taka

vahī bekāra tamannāyeṃ javāṃ haiṃ aba taka
vahī be-sūda k̲haliśa he mere sīne meṃ hanūza

vahī gesū merī rānoṃ meṃ haiṃ bikhare-bikhare
vahī āṃkheṃ merī jāniba nigarāṃ haiṃ aba taka

meri tak̲hayyala kā śīrāzā birahama hai vahī
mere bujhate huye ehasāsa kā ālama hai vahī

vahī bejāna irāde, vahī beraṅga k̲hayāla
vahī berūda kaśākaśa, vahī becena k̲hayāla

āha isa kaśamakaśa-e-subaha va masā kā aṃjāma
maiṃ bhī nākāma merī saī amala bhī nākāma

* * *

नाकामी

मैं ने हर चंद ग़म–ए–इश्क़ को खोना चाहा
ग़म–ए–उल्फ़त ग़म–ए–दुनिया में समोना चाहा

वही अफ़साने मेरी सिम्त रवां हैं अब तक
वही शौले मेरे सीने में निहां हैं अब तक

वही बेकार तमन्नायें जवाँ हैं अब तक
वही बे–सूद खलिश है मेरे सीने में हनूज़

वही गेसू मेरी रानों में हैं बिखरे–बिखरे
वही आंखें मेरी जानिब निगरां हैं अब तक

मेरी तख़य्यल का शीराज़ा बिरहम है वही
मेरे बुझते हुये एहसास का आलम है वही

वही बेजान इरादे, वही बेरंग ख़याल
वही बेरूह कशाकश, वही बेचेन ख़याल

आह इस कशमकश–ए–सुबह व मसा का अंजाम
मैं भी नाकाम मेरी सई अमल भी नाकाम

* * *

میں زندہ ہوں

میں زندہ ہوں یہ مشتہر کیجئے
میرے قاتلوں کو خبر کیجئے

زمیں سخت ہے، آسماں دور ہے
بسر ہو سکے تو بسر کیجئے

ستم کے بہت سے ہیں ردِّ عمل
ضروری نہیں چشم تر کیجئے

وہی ظلم بارِ دگر ہے تو پھر
وہی جرم بارِ دگر کیجئے

قفس توڑنا حد کی بات ہے
ابھی خواہش بال و پر کیجئے

* * *

I AM ALIVE....

I am alive, let it be advertised
Let my inquisitors be notified

Earth is harsh, sky is far
Challenge to life must be defied

There are reactions to an unjust action
But eyeful tears must be decried

If the same injustice perpetrated
Then the same offence need be tried

Break out of cage is a subsequent matter
First, will and wing we must provide

• • •

maiṇ zindā hūṇ

maiṃ zindā hūṃ yaha maśahara kīajajiye
mere qātiloṃ ko khabara kījiye

zamīṃ sakhata hai āsamāṃ dūra hai
basara ho sake to basara kījiye

sitama ke bahuta se haiṃ radda-e-amala
zarūrī nahīṃ caśma-tara kījiye

vahī zulma bārida-e-garda hai to phira
vahī zarma bārida-e-gara kījiye

qafasa toḋanā bāda kī bāta hai
abhī khuvāhiśa-e-bāla-o-para kījiye

* * *

मैं ज़िन्दा हूं

मैं ज़िन्दा हूं यह मशहर कीजिये
मेरे क़ातिलों को ख़बर कीजिये

ज़मीं सख़्त हे आसमां दूर है
बसर हो सके तो बसर कीजिये

सितम के बहुत से हैं रद्द–ए–अमल
ज़रूरी नहीं चश्म–तर कीजिये

वही ज़ुल्म बारिद–ए–गरद है तो फिर
वही जुर्म बारिद–ए–गर कीजिये

कफस तोड़ना बाद की बात है
अभी ख़्वाहिश–ए–बाल–ओ–पर कीजिये

• • •

سرمئی رات

سرمئی رات ہے ستارے ہیں
آج دونوں جہاں ہمارے ہیں
صبح کا انتظار کون کرے

پھر یہ رت یہ سماں ملے نہ ملے
آرزو کا چمن کھلے نہ کھلے
وقت کا اعتبار کون کرے

لے بھی لو ہم کو اپنی باہوں میں
روح بے چین ہے نگاہوں میں
التجا بار بار کون کرے

* * *

DARKISH NIGHT

Stars are resplendent, night is darkish hue
Tonight, both the worlds beckon me and you
Who can wait for the morn

Again, this environ may or may not avail
The buds of longings may or may not unveil
How can time be reborn

Oh ! come and take us in your fold and hold
soul is restless, in the eyes to behold
Who should repeat a request inborn

* * *

surmaī rāt

suramaī rāta haiṃ sitāre haiṃ
āja donoṃ jahāṃ hamāre haiṃ
subaha kā inaṭezāra kauna kare

phira yaha rāta yaha samāṃ mile na mile
ārazu kā camana khile na khile
vaqta kā aitabāra kauna kare

le bhī lo hama ko apanī bāṃhoṃ meṃ
rūha becena hai nigāhoṃ meṃ
ilatijā bāra bāra kauna kare

* * *

सुरमई रात

सुरमई रात हैं सितारे हैं
आज दोनों जहाँ हमारे हैं
सुबह का इन्तेज़ार कौन करे

फिर यह रात यह समां मिले न मिले
आरजु का चमन खिले न खिले
वक़्त का ऐतबार कौन करे

ले भी लो हम को अपनी बांहों में
रूह बेचेन है निगाहों में
इलतिजा बार बार कौन करे

• • •

میں زندگی کا ساتھ ....

میں زندگی کا ساتھ نبھاتا چلا گیا
ہر فکر کو دھوئیں میں اڑاتا چلا گیا

بربادیوں کا سوگ منانا فضول تھا
بربادیوں کا جشن مناتا چلا گیا

جو مل گیا اُسی کو مُقدّر سمجھ لیا
جو کھو گیا میں اُس کو بُھلاتا چلا گیا

غم اور خوشی میں فرق نہ محسوس ہو جہاں
میں دل کو اُس مقام پہ لاتا چلا گیا

* * *

COMPROMISE....

With vagaries of life, I made my compromise
Every woe of life, I cut down to size

I kept celebrating every catastrophe
Rumination over ruination was a futile exercise

Whatever was the loss. I took it in my stride
Whatever came my way, I took it as a prize

I elevated my mind to a level sublime
Between felicity and adversity, I hardly could surmise

• • •

maiṇ zindagī kā sāth....

maiṃ zindagī kā sātha nibhātā calā gayā
hara fikara ko dhueṃ meṃ uḓātā calā gayā

barabādiyoṃ kā soga manānā fizūla thā
barabādiyoṃ kā jaśna manātā calā gayā

jo mila gayā usī ko muqaddara samajha liyā
jo kho gayā maiṃ usa ko bhulātā calā gayā

g̲hama aura k̲huśī meṃ faraqa na mahasūsa ho jahāṃ
maiṃ dila ko usa muqāma pe lātā calā gayā

✹ ✹ ✹

मैं ज़िन्दगी का साथ....

मैं ज़िन्दगी का साथ निभाता चला गया
हर फ़िकर को धुएँ में उड़ाता चला गया

बरबादियों का सोग मनाना फ़िज़ूल था
बरबादियों का जश्न मनाता चला गया

जो मिल गया उसी को मुक़द्दर समझ लिया
जो खो गया मैं उस को भुलाता चला गया

ग़म और ख़ुशी में फ़रक़ न महसूस हो जहां
मैं दिल को उस मुक़ाम पे लाता चला गया

• • •

سانجھ کی لالی....

سانجھ کی لالی سلگ سلگ کر بن گئی کالی دھول
آئے نہ بالم بیدردی ، میں چنتی رہ گئی پھول

دین بھسَی، بو جھل اکھین میں چبھنے لگے تارے
دیس میں پردیسن ہو گئی، جب سے پیا سدھارے

پچھلے پہر جب اوس پڑی، اور ٹھنڈی پون چلی
ہر کروٹ انگارے بجھ گئے، سونی سیج جلی

دیپ بجھے، سناّ ٹا ٹوٹا، باجا باور کا سنکھ
بیرن پون اڑا کر لے گئی، پروانوں کے پنکھ

* * *

DUSK

Evening twilight, shedding redness, has turned to bleak mist
Neglectful beloved hasn't turned up, picking flowers I persist

Night is deep, eyes heavy with sleep, stars sting like thorn
I am stranger at home, as beloved is out of sojourn

Late at night for dew to fall, and gentle breeze to blow
I toss about as if on embers, my lonely bed to glow

Candles extinguished, hush is broken, early morning trumpet sings
Capricious breeze has added unease, depriving the moths of wings

● ● ●

sanjh kī lālī

sāñjha kī lālī sūlaga-sulaga kara bana gaī kāḷī dhūla
āye na bālama bedardī, maiṃ cunatī raha gaī phūla

raina bhayī, bojhala akhiyana meṃ cubhane lage tāre
desa meṃ maiṃ paradesana hogaī, jaba se piyā ṣidhāre

pichalī pahara jaba osa paḓī, aura ṭhaṇḍī pavana calī
hara karavaṭa aṃgāre bicha gaye, sūnī seja jalī

dīpa bujhe, sannāṭā ṭūṭā, bājā bāvara kā saṅkha
bairana pavana uḓā kara le gaī paravānoṃ ke paṅkha

* * *

सांझ की लाली

सांझ की लाली सुलग–सुलग कर बन गई काली धूल
आये न बालम बेदर्दी, मैं चुनती रह गई फूल

रैन भयी, बोझल अखियन में चुभने लगे तारे
देस में मैं परदेसन होगई, जब से पिया सिधारे

पिछली पहर जब ओस पड़ी, और ठंडी पवन चली
हर करवट अंगारे बिछ गये, सूनी सेज जली

दीप बुझे, सन्नाटा टूटा, बाजा बावर का संख
बैरन पवन उड़ा कर ले गई परवानों के पंख

• • •

نور جہاں کے مزار پر

پہلوئے شاہ میں یہ دخترِ جمہور کی قبر
کتنے گم گشتہ فسانوں کا پتہ دیتی ہے
کتنے خونریز حقائق سے اٹھاتی ہے نقاب
کتنی کچلی ہوئی جانوں کا پتہ دیتی ہے

کیسے مغرور شہنشاہوں کی تسکیں کے لئے
سال ہا سال حسیناؤں کے بازار لگے
کیسے بہکی ہوئی نظروں کے تعیش کے لئے
سرخ محلوں میں جواں جسموں کے انبار لگے

سہمی سہمی سی فضاؤں میں یہ ویراں مرقد
اتنا خاموش ہے فریاد کناں ہو جیسے
سرد شاخوں میں ہوا چیخ رہی ہے ایسے
روح تقدیس و وفا مرثیہ خواں ہو جیسے

تو مری جاں! حیرت و حسرت سے نہ دیکھ
ہم میں سے کوئی بھی جہاں نور و جہانگیر نہیں
تو مجھے چھوڑ کے ٹھکرا کے بھی جا سکتی ہے
تیرے ہاتھوں میں مرے ہاتھ ہیں، زنجیر نہیں

• • •

AT NOOR JEHAN MAUSOLEUM

By the emperor's side, this tomb of commoner's daughter
Is a poignent pointer to many a forgotten tale
It lifts the veil of mystery from many a sanguinary fact
Many a crushed soul it helps to unveil

For the satisfaction of many a conceited king
For years on end, in the open, damsels were paraded
for the pleasure of lustful eyes, for their enjoyment
In the embellished palaces, young bodies were degraded

In the awesome environs, this lonely mausoleum
Is so queiscent, as if, whispering its apology
Wind is whistling and howling through the sparse branches
As if the soul of fealty is reciting its euology

O my dear ! don't you eye me with such doleful surprise
None amongst us is Noor Jehan or Jehangir potentate
You are free to leave me, discard me, as you like
In your hands are my hands, no fetters to subjugate

* * *

nūr jahāṇ ke mazār par

pahalū-e-śāha meṃ yaha duk̲h̲atara-e-jamahūra kī qakara
kitane gumaguśtā fasānoṃ kā patā detī hai
kitane k̲h̲ūṃreza haqāyaqa se uṭhātī hai naqāba
kitanī kucalī huī jānoṃ kā patā detī hai

kaise mag̲h̲arūra śahanaśāhoṃ kī taskīṃ ke lie
sāla-hā-sāla hasīnāoṃ ke bāzāra lage
kaise bahakī huī nazaroṃ kī tāiśa ke lie
surk̲h̲a mahaloṃ meṃ, javāṃ jismoṃ ke aṃbāra lage

sahamī-sahamī sī fizāoṃ meṃ yaha vīrāṃ maraqada
itanā k̲h̲āmośa hai fariyāda kunāṃ hoṃ jaise
sarda śāk̲h̲oṃ meṃ havā cik̲h̲a arahī hai aise
rūha-e-taqadīsa-o-vafā marasiyā k̲h̲uvāṃ ho jaise

tū merī jāṃ hairata-o-hasarata se na dekha
hama meṃ koī bhī jahāṃ nūra-o-jahāṅgīra nahīṃ
tū mujhe choḓa ke ṭhukarā ke bhī jā sakatā hai
tere hāthoṃ meṃ mere hātha haiṃ zañjīra nahīṃ

* * *

नूर जहाँ के मज़ार पर

पहलू–ए–शाह में यह दुख़्तर–ए–जमहूर की क़बर
कितने गुमगुश्ता फ़सानों का पता देती है
कितने ख़ूंरेज़ हक़ायक़ से उठाती है नक़ाब
कितनी कुचली हुई जानों का पता देती है

कैसे मग़रूर शहनशाहों की तस्कीं के लिए
साल–हा–साल हसीनाओं के बाज़ार लगे
कैसे बहकी हुई नज़रों की ताइश के लिए
सुर्ख़ महलों में, जवाँ जिस्मों के अंबार लगे

सहमी–सहमी सी फ़िज़ाओं में यह वीराँ मरक़द
इतना ख़ामोश है फरियाद कुनां हों जैसे
सर्द शाख़ों में हवा चीख़ रही है ऐसे
रूह–ए–तक़दीस–ओ–वफ़ा मरसिया–खुवाँ हो जैसे

तू मेरी जाँ हैरत–ओ–हसरत से न देख
हम में कोई भी जहां नूर–ओ–जहांगीर नहीं
तू मुझे छोड़ के ठुकरा के भी जा सकता है
तेरे हाथों में मेरे हाथ हैं ज़ंजीर नहीं

* * *

میرے گیت

میرے سر کش ترانے سن کے دنیا یہ سمجھتی ہے
کہ شاید میرے دل کو عشق کے نغموں سے نفرت ہے
مجھے ہنگامۂ جنگ و جدل میں کیف ملتا ہے
مری فطرت کو خونریزی کے افسانوں سے رغبت ہے

مگر اے کاش دیکھیں وہ مری پر سوز راتوں کو
میں جب تاروں پہ نظریں گاڑ کر آنسو بہاتا ہوں
تصور بن کے بھولی وارداتیں یاد آتی ہیں
تو سوز و درد کی شدت سے پہروں تلملا تا ہوں

میں شاعر ہوں مجھے فطرت کے نظاروں سے الفت ہے
مرا دل دشمن نغمہ سرائی ہو نہیں سکتا
مجھے انسانیت کا درد بھی بخشا ہے قدرت نے
مرا مقصد فقط شعلہ نوائی ہو نہیں سکتا
جواں ہو میں ، جوانی لغزشوں کا ایک طوفاں ہے
مری باتوں میں رنگِ پارسائی ہو نہیں سکتا

* * *

MY LYRICS

Hearing my rebellious songs, the world at large thinks
That for lyrics of love, my heart shows apprehension
That I revel in war and find solace in strife
That for tales of sanguinary nature, my heart shows, comprehension

But how I wish they see me in my nights of torment
When my eyes fixed on stars, I shed unihibited tears
In my nostalgic mind, I recall forgotten incidents
With the intensity of my suffering, for hours my heart sears

I am a poet, I am in love with nature's unihibited beauty
My heart cannot rebel, songs of love I intone
Nature has endowed my heart with compassion for humanity
My purpose cannot only be to breathe fire and brimstone
I am young, and youth is full of stormy predilections
In my verses, there is hardly room for piousness to moan

* * *

mere gīt

mere sarakaśa tarāne suna ke duniyā yaha samajhatī hai
ke śāyada mere dila ko iśqa ke nag͟hamoṃ se nafarata hai
mujhe haṅgāmā-e-jaṅga-o-jadāla meṃ caina milatā hai
merī fitarata ko k͟hūṃrezī ke afasānoṃ se rag͟habata hai

magara ai kāśa dekheṃ voha merī purasoza rātoṃ ko
maiṃ jaba tāroṃ pe nazareṃ gāḓakara āṃsū bahātā hūṃ
tasavvura bana ke bhūlī vāradāteṃ yāda ātī haiṃ
to soza-o-darda kī śiddata se paharoṃ tilamilātā hūṃ

maiṃ śāyara hūṃ mujhe fitarata ke nazzāroṃ se ulafata hai
merā dila duśmana-e-nag͟hamā sarāī ho nahīṃ sakatā
mujhe insāniyata kā darda bhī bak͟haśā hai qudarata ne
merā maqasada faqata śolā-navāī ho nahīṃ sakatā
javāṃ hūṃ maiṃ, javānī lag͟haziśoṃ kā eka tūfāṃ hai
merī bātoṃ meṃ raṅga-e-pārasāī ho nahīṃ sakatā

✸ ✸ ✸

मेरे गीत

मेरे सरकश तराने सुन के दुनिया यह समझती है
के शायद मेरे दिल को इश्क़ के नग़मों से नफ़रत है
मुझे हंगामा–ए–जंग–ओ–जदाल में चैन मिलता है
मेरी फ़ितरत को ख़ूंरेज़ी के अफसानों से रग़बत है

मगर ऐ काश देखें वोह मेरी पुरसोज़ रातों को
मैं जब तारों पे नज़रें गाड़कर आंसू बहाता हूं
तसव्वुर बन के भूली वारदातें याद आती हैं
तो सोज़–ओ–दर्द की शिद्दत से पहरों तिलमिलाता हूं

मैं शायर हूं मुझे फ़ितरत के नज़्ज़ारों से उलफ़त है
मेरा दिल दुश्मन–ए–नग़मा सराई हो नहीं सकता
मुझे इन्सानियत का दर्द भी बख़शा है कुदरत ने
मेरा मक़सद फ़क़त शोला–नवाई हो नहीं सकता
जवाँ हूं मैं, जवानी लग़ज़िशों का एक तूफ़ाँ है
मेरी बातों में रंग–ए–पारसाई हो नहीं सकता

• • •

توجہ....

جب کبھی اُن کی توجہ میں کمی پائی گئی
از سرِ نو داستانِ شوق دہرائی گئی

بِک گئے جب تیرے لب پھر تجھ کو کیا شکوہ اگر
زندگانی بادہ و ساغر سے بہلائی گئی

اے غمِ دنیا! تجھے کیا علم تیرے واسطے
کن بہانوں سے طبیعت راہ پر لائی گئی

ہم کریں ترکِ وفا، اچھا چلو یونہی سہی
اور اگر ترکِ وفا سے بھی نہ رسوائی گئی

دل کی دھڑکن میں توازن ہو چلا ہے، خیر ہو
میری نظریں بجھ گئیں، یا تیری رعنائی گئی

ان کا غم، اُن کا تصور، انکے شکوے اب کہاں
اب تو یہ باتیں بھی اے دل ہو گئیں آئی گئی

عرصۂ ہستی میں اب تیشہ زنوں کا دور ہے
رسمِ چنگیزی اٹھی، تو قہرِ دارائی گئی

* * *

ATTENTION

Whenever beloved was found wanting in attention
We repeated our story of love with a new dimension

When your lips are not on hold, why we scold and behold
Our life was recompesed with cup and wine subvention

O you woes of world ! know you not, that for you
With what strategem was heart overcome, for its redemption

What ! we to give up fealty, ah so be it
What ! if by so renouncing, there is no restitution

My heart is gaining its balance, wish it best of luck
Is it my lack of spirit, or your lack of tension

Where now, to tow beloved's woe, woncept and complaint
All these, O heart some how, are out of comprehension

In the world arena now, workers are supreme
Autocracy is now extinct, oligarchy no longer in convention

* * *

tavajjoh....

jaba kabhī una kī tavajjoha meṃ kamī pāī gaī
aza sara-e-no dāstāna-e-śauqa doharāī gaī

bika gaye jaba tere laba phira tujha ko kyā śikavā agara
zindagānī bādā-o-sāg̲hara se bahalāī gaī

ai g̲hama-e-duniyā. tujhe kiyā ilma tere vāste
kina bahānoṃ se tabīyata rāha para lāī gaī

hama kareṃ tarka-e-vafā acchā calo yūṃhī sahī
aura agara tarka-e-vafā se bhī na rūsavāī gaī

dila kī dhaḓakana meṃ tavāzuna ā calā hai, k̲h̲aira ho
merī nazareṃ bujha gaīṃ yā terī raināī gaī

una kā g̲hama, una kā tasavvura, unake śikave aba kahāṃ
aba to yaha bāteṃ bhī ai dila hogaīṃ āī gaī

arasā-e-hastī meṃ aba tīśā-zanoṃ kā daura hai
rasama-e-caṅgezī uṭhī, to qaihara-e-dārāī gaī

* * *

तवज्जोह....

जब कभी उन की तवज्जोह में कमी पाई गई
अज़ सर–ए–नो दास्तान–ए–शौक़ दोहराई गई
बिक गये जब तेरे लब फिर तुझ को क्या शिकवा अगर
ज़िन्दगानी बादा–ओ–साग़र से बहलाई गई
ऐ ग़म–ए–दुनिया! तुझे किया इल्म तेरे वास्ते
किन बहानों से तबीयत राह पर लाई गई
हम करें तर्क–ए–वफ़ा अच्छा चलो यूंही सही
और अगर तर्क–ए–वफ़ा से भी न रूसवाई गई
दिल की धड़कन में तवाजुन आ चला है, ख़ैर हो
मेरी नज़रें बुझ गईं या तेरी रैनाई गई
उन का ग़म, उन का तसव्वुर, उनके शिकवे अब कहां
अब तो यह बातें भी ऐ दिल होगईं आई गई
अरसा–ए–हस्ती में अब तीशा–ज़नों का दौर है
रसम–ए–चंगेज़ी उठी, तो क़ैहर–ए–दाराई गई

* * *

پرچھائیاں

جوان رات کہ سینے پہ دودھیا آنچل
مچل رہا ہے کسی خواب مرمریں کی طرح
حسین پھول، حسین پتیاں، حسین شاخیں
لچک رہی ہیں کسی جسم نازنیں کی طرح
فضا میں گھل سے گئے ہیں افق کے نرم خطوط
زمیں حسین ہے، خوابوں کی سرزمیں کی طرح

تصورات کی پرچھائیاں ابھرتی ہیں
کبھی گمان کی صورت، کبھی یقین کی طرح
وہ پیڑ جن کے تلے ہم پناہ لیتے تھے
کھڑے ہیں آج بھی ساکت کسی امیں کی طرح

انہیں کے سائے میں پھر آج دودھڑکتے دل
خموش ہونٹوں سے کچھ کہنے سننے آئے ہیں
نہ جانے کتنی کشاکش سے کتنی کاوش سے
یہ سوتے جاگتے لمحے چرا کے لائے ہیں

SHADOWS

On the bosom of early night, a mildy white apparel
Is billowing dreamlike, in an epghemeral spell
Blooming buds, dainty daisies, flimsy flower buds
Are swaying in the breeze, like a willowy damsel
Horizon's faint lines have so merged with environs
That land is beautfied, like a dreamland in swill

Shadows in imagination are emerging in progression
Sometimes stretching imagination, sometimes sure as hell
The trees whose foliage we used as a refuge
Are standing even today, steadfast as a sentinel

Under their shade again today, two agitated hearts
Have come with sealed lips, for a tale to tell
Who knows with what prodigious effort and profound exertion
They have pirated nocturnal hours, just to dispel

parchhāīyāṇ

javāna rāta ke sīne pe dudhiyā āṃcala
macala rahā hai kisī k͟havābe-maramarī kī taraha
hasīna phūla, hasīna paṭtiyāṃ, hasīṃ śākheṃ
lacaka rahī haiṃ kisī jisme-nāzanīṃ kī taraha
fizā meṃ ghula se gae heṃ ufaqa ke narma k͟hutūta
zamīṃ hasīna hai, k͟havāboṃ kī sarazamīṃ kī taraha

tasavvurāta kī parachāīyāṃ ubharatī haiṃ
kabhī gumāna kī sūrata kabhī yaqīṃ kī taraha
ve peḓa jina ke tale hama panāha lete the
khaḓe haiṃ āja bhī sākita kisī amīṃ kī taraha

inhīṃ ke sāe meṃ phira āja do dhaḓakate dila
k͟hāmośa hoṇṭhoṃ se kucha kahane-sunne āe haiṃ
na jāne kitanī kaśākaśa se kitanī kāviśa se
ye sote-jāgate lamahe curāke lāe haiṃ

परछाईयाँ

जवान रात के सीने पे दूधिया आँचल
मचल रहा है किसी ख़्वाबे–मरमरीं की[1] तरह
हसीन फूल, हसीन पत्तियाँ, हसीं शाख़ें
लचक रही हैं किसी जिस्मे–नाज़नीं की[2] तरह
फ़िज़ा में घुल से गए हैं उफ़क़ के[3] नर्म ख़ुतूत[4]
ज़मीं हसीन है, ख़्वाबों की सरज़मीं की तरह

तसव्वुरात की[5] परछाईयाँ उभरती हैं
कभी गुमान[6] की सूरत कभी यक़ीं की तरह
वे पेड़ जिन के तले हम पनाह लेते थे
खड़े हैं आज भी साकित[7] किसी अमीं की[8] तरह

इन्हीं के साए में फिर आज दो धड़कते दिल
ख़ामोश होंठों से कुछ कहने–सुनने आए हैं
न जाने कितनी कशाकश से[9] कितनी काविश से[10]
ये सोते–जागते लमहे चुरा के लाए हैं

---

1. सुन्दर सपने की, 2. सुन्दरी के बदन की, 3. क्षितिज के, 4. रेखायें, नैन–नक्श, 5. कल्पना की, 6. घमण्ड, 7. चुपचाप, 8. साक्षी, 9. दुविधा, 10. प्रयत्न से,

یہی فضا تھی، یہی رت، یہی زمانہ تھا
یہیں سے ہم نے محبت کی ابتدا کی تھی
دھڑکتے دل سے، لرزتی ہوئی نگاہوں سے
حضورِ غیب میں ننھی سی التجا کی تھی
کہ آرزو کے کنول کھل کے پھول ہو جائیں
دل و نظر کی دعائیں قبول ہو جائیں
تصورات کی پرچھائیں ابھرتی ہیں

تم آ رہی ہو زمانے کی آنکھ سے بچ کر
نظر جھکائے ہوئے، اور بدن چرائے ہوئے
خود اپنے قدموں کی آہٹ سے جھینپتی ڈرتی
خود اپنے سائے کی جنبش سے خوف کھائے ہوئے
تصورات کی پرچھائیاں ابھرتی ہیں

رواں ہے چھوٹی سی کشتی ہواؤں کے رُخ پر
ندی کے ساز پہ ملاح گیت گاتا ہے
تمہارا جسم ہر اک لہر کے جھکولے سے
مری کھلی ہوئی بانہوں میں جھول جاتا ہے
تصورات کی پرچھائیاں ابھرتی ہیں

میں پھول ٹانک رہا ہوں تمہارے جوڑے میں
تمہاری آنکھ مسرت سے جھکتی جاتی ہے
نہ جانے آج میں کیا بات کہنے والا ہوں
زبان خشک ہے، آواز رکتی جاتی ہے
تصورات کی پرچھائیاں ابھرتی ہیں

This was the atmosphere, the season and the times
We had started right from here, our first step of love
With our hearts astir, with nervous looks to bestir
We had entered our humble plea for the divinity above
That our yearning buds may revel, bloom to full fruition
That our hearts and souls unravel, to their absolution
Shadows in imagenation are emerging in progression

You are coming, overcoming world's watchful eyes
With your eyes down cast, with your body camouflaged
You tread in dread, of the sound of your own steps
With your own shadow quivering, you are overawed
Shadows in imagination are emerging in progression

In the direction of breeze is a boat sailing fast
With the flow of water's music, sailor sings before the mast
The waves are acting for your body as a perambulator
You are in my open arms swinging to be lost
Shadows in imagination are emerging in progression

A flower in your tresses, I tuck with caresses
Your eyes with mirth are lowered and are incensed
I know not, what today, I am about to say
Tongue is dried and the voice somehow silenced
Shadows in imagination are emerging in progression

yahī fizā thī, yahī rūta yahī zamānā thā
yahīṃ se hamane mauhabbata kī ibtidā kī thī
dhaḓakate dila se, larazatī huī nigāhoṃ se
hazūre-g̲h̲aiba meṃ nanhīṃ-sī iltijā kī thī
ki ārazū ke kaṃvala khila ke phūla ho jāyeṃ
dilo-nazara kī duāyeṃ qabūla ho jāyeṃ
tasavvurāta kī parachāīyāṃ ubharatī haiṃ

tuma ā rahī ho zamāne kī āṃkha se baca kara
nazara jhukāye huye aura badana curāe hue
k̲h̲uda apane qadamoṃ kī āhaṭa se jhempatī, ḍaratī,
k̲h̲uda apane sāye kī jumbiśa se k̲h̲aufa k̲h̲āe hue
tasavvurāta kī parachāīyāṃ ubharatī haiṃ

ravāṃ hai choṭī-sī kaśtī havāoṃ ke rūk̲h̲a para
nadī ke sāza pe mallāha gīta gātā hai
tumhārā jisma hara ika lahara ke jhakole se
mirī khulī huī bāṃhoṃ meṃ jhūla jātā hai
tasuvvurāta kī parachāīyāṃ ubharatī haiṃ

maiṃ phūla ṭāṅka rahā hūṃ tumhāre jūḓe meṃ
tumhārī āṃkha musarrata se jhukatī jātī hai
na jāne āja maiṃ kyā bāta kahane vālā hūṃ
zabāne-k̲h̲uśka haiṃ āvāza rūkatī jātī hai
tasuvvurāta kī parachāīyāṃ ubharatī haiṃ

यही फ़िज़ा थी, यही रूत यही ज़माना था
यहीं से हमने मौहब्बत की इब्तिदा की[1] थी
धड़कते दिल से, लरज़ती हुई निगाहों से
हज़ूरे–ग़ैब में[2] नन्हीं–सी इल्तिजा की थी
कि आरज़ू के कंवल खिल के फूल हो जायें
दिलो–नज़र की दुआयें क़बूल हो जायें
तसव्वुरात की परछाईयाँ उभरती हैं

तुम आ रही हो ज़माने की आँख से बच कर
नज़र झुकाये हुये और बदन चुराए हुए
ख़ुद अपने क़दमों की आहट से झेंपती, डरती,
ख़ुद अपने साये की जुंबिश से ख़ौफ़ खाए हुए
तसव्वुरात की परछाईयाँ उभरती हैं

रवाँ है छोटी–सी कश्ती हवाओं के रूख़ पर
नदी के साज़ पे मल्लाह गीत गाता है
तुम्हारा जिस्म हर इक लहर के झकोले से
मिरी खुली हुई बाँहों में झूल जाता है
तसुव्वरात की परछाईयाँ उभरती हैं

मैं फूल टाँक रहा हूँ तुम्हारे जूड़े में
तुम्हारी आंख मुसर्रत से झुकती जाती है
न जाने आज मैं क्या बात कहने वाला हूँ
ज़बाने–ख़ुश्क है आवाज़ रूकती जाती है
तसुव्वुरात की परछाईयाँ उभरती हैं

---

1. प्रारम्भ, 2. भगवान की सेवा में,

مرے گلے میں تمہاری گداز باہیں ہیں
تمہارے ہونٹوں پر میرے لبوں کے سائے ہیں
مجھے یقین ہے کہ ہم اب کبھی نہ بچھڑیں گے
تمہیں گمان ہے کہ ہم مِل کے بھی پرائے ہیں
تصورات کی پرچھائیاں ابھرتی ہیں

مرے پلنگ پر بکھری ہوئی کتابوں کو
ادائے عجز و کرم سے اٹھا رہی ہو تم
سہاگ رات جو ڈھولک پہ گائے جاتے ہیں
دبے سروں میں وہی گیت گا رہی ہو تم
تصورات کی پرچھائیاں ابھرتی ہیں

وہ لمحے کتنے دلکش تھے، وہ گھڑیاں کتنی پیاری تھیں
وہ سہرے کتنے نازک تھے، وہ لڑیاں کتنی پیاری تھیں
بستی کی ہر شاداب گلی، خوابوں کا جزیرہ تھی گویا
ہر موجِ نفس، ہر موجِ صبا، نغموں کا ذخیرہ تھی گویا

ناگاہ مہکتے کھیتوں سے، ٹاپوں کی صدائیں آنے لگیں
بارود کی بوجھل بُو لے کر، پچھّم سے ہوائیں آنے لگیں
تعمیر کے روشن چہرے پر تخریب کا بادل پھیل گیا
ہر گاؤں میں وحشت ناچ اٹھی، ہر شہر میں جنگل پھیل گیا

مغرب کے مہذب ملکوں سے کچھ خاکی وردی پوش آئے
اٹھلاتے ہوئے مغرور آئے، لہراتے ہوئے مدہوش آئے
خاموش زمینوں کے سینوں پر خیموں کی طنابیں گڑنے لگیں
مکھن سی ملائم راہوں پر بوٹوں کی خراشیں پڑنے لگیں

Around my neck are your lax arms entwined
On your lips are my lips sealed and refined
I am sure we'll never, never be apart
You are afraid, having met, our union is not defined
Shadows in imagination are emerging in progression

Boods and bits that are lying about on my bed
You are picking up with a touch, gentle and discreet
You are humming, tunefully becoming, lyrics that are sung
On the nuptials night, with a rhythmic drumbeat
Shadows in imagination are emerging in progression

How enchanting were those hours, how entrancing were those days
How rapturous were wedding garlands, how voluptuous were the ways
Every lively alley in habitat, as if an island in dreamland
Every breath, every breeze, well at ease in slumberland

Suddenly across fertile fields, heavy treading sounds were heard
From across the western climes, smell of gunpowder emerged
Sunny face of construction was eclipsed by clouds of destruction
On every side, madness astride, with uninhibited distraction

People in military jackboots descended from civilised west
Full of conceit, replete with deceit, riding the power crest
In the quiet counryside, military camps erupted
On the tranquil roadways, peace was rudely disrupted

mire gale meṃ tumhārī gudāza bāṃhem haiṃ
tumhāre honṭhoṃ pe mere laboṃ ke sāye haiṃ
mujhe yaqīṃ hai ki hama aba kabhī na bichaḋeṅge
tumheṃ gumāna hai ki hama milake bhī parāye haiṃ
tasuvvurāta kī parachāīyāṃ ubharatī haiṃ

mire palaṅga pe bikharī huī kitāboṃ ko
adāe-ijzo-karama se uṭhā rahī ho tuma
suhāga-rāta jo ḍholaka pe gāye jāte haiṃ,
dabe suroṃ meṃ vahī gīta gā rahī ho tuma
tasavvurāta kī parachāīyāṃ ubharatī haiṃ

vaha lamahe kitane dilakaśa the vaha ghaḋiyāṃ kitanī pyārī thīṃ
vaha sahare kitane nāzuka the vaha laḋiyāṃ kitanī pyārī thīṃ
bastī kī hara ika śādāba galī k̲h̲avāboṃ kā jazīrā thī goyā
hara mauje-nafasa, hara mauje sabā, nag̲h̲amoṃ kā zak̲h̲īrā thī goyā

nāgāha lahakate khetoṃ se ṭāpoṃ kī sadāyeṃ āne lagīṃ
bārūda kī bojhala bū lekara pacchama se havāyeṃ āne lagīṃ
tāmīra ke rośana cehare para tak̲h̲arība kā bādala phaila gayā
hara gāṃva meṃ vahaśata nāca uṭhī, hara śahara meṃ jaṅgala phaila gayā

mag̲h̲ariba ke muhazazaba mulkoṃ se kucha k̲h̲ākī vardī pośa āye
iṭhalāte huye mag̲h̲arūra āye, laharāte huye madahośa āye
khāmośa zamīṃ ke sīne meṃ, k̲h̲aimoṃ kī tanābeṃ gaḋane lagīṃ
makkhana-sī mulāyama rāhoṃ para, būṭoṃ kī k̲h̲arāśeṃ paḋane lagīṃ

मिरे गले में तुम्हारी गुदाज़[1] बांहें हैं
तुम्हारे होंठों पे मेरे लबों के साये हैं
मुझे यक़ीं है कि हम अब कभी न बिछड़ेंगे
तुम्हें गुमान है कि हम मिलके भी पराये हैं
तसव्वुरात की परछाईयाँ उभरती हैं

मिरे पलंग पे बिखरी हुई किताबों को
अदाए-इज्ज़ो-करम से[2] उठा रही हो तुम
सुहाग-रात जो ढोलक पे गाये जाते हैं,
दबे सुरों में वही गीत गा रही हो तुम
तसव्वुरात की परछाईयाँ उभरती हैं

वह लमहे कितने दिलकश थे वह घड़ियाँ कितनी प्यारी थीं
वह सहरे कितने नाजुक थे वह लड़ियाँ कितनी प्यारी थीं
बस्ती की हर इक शादाब गली[3] ख़्वाबों का जज़ीरा[4] थी गोया
हर मौजे-नफ़स,[5] हर मौजे सबा,[6] नग़मों का ज़ख़ीरा[7] थी गोया

नागाह[8] लहकते खेतों से टापों की सदायें आने लगीं
बारूद की बोझल बू लेकर पच्छम से हवायें आने लगीं
तामीर के[9] रोशन चेहरे पर तख़रीब का[10] बादल फैल गया
हर गाँव में वहशत[11] नाच उठी, हर शहर में जंगल फैल गया

मग़रिब के मुहज़्ज़ब मुल्कों से कुछ ख़ाकी वर्दी-पोश आये
इठलाते हुये मग़रूर आये, लहराते हुये मदहोश आये
खामोश ज़मीं के सीने में, ख़ैमों की तनाबें गड़ने लगीं
मक्खन-सी मुलायम राहों पर, बूटों की ख़राशें पड़ने लगीं

---

1. सुडौल 2. विनय और कृपा की अदा से, 3. समृद्ध गली, 4. स्वप्नों का टापू, 5. श्वास, 6. हवा की लहर, 7. भण्डार, 8. अकस्मात, 9. निर्माण, 10. ध्वंस का, 11. बर्बरता,

فوجوں کے بھیانک بینڈ تلے، چرخوں کی صدائیں ڈوب گئیں
جیپوں کی سلگتی دھول تلے پھولوں کی قبائیں ڈوب گئیں

انسان کی قیمت گرنے لگی، اجناس کا بھاؤ بڑھنے لگے
چوپال کی رونق گھٹنے لگی، بھرتی کے دفاتر بڑھنے لگے
بستی کے سجیلے شوخ جواں بن بن کے سپاہی جانے لگے
جس راہ سے کم ہی لوٹ سکے اس راہ پہ راہی جانے لگے
ان جانے والے رستوں میں، غیرت بھی گئی برنائی بھی
ماؤں کے جواں بیٹے بھی گئے، بہنوں کے چہیتے بھائی بھی

بستی پہ اداسی چھانے لگی، میلوں کی بہاریں ختم ہوئیں
آموں کی لچکتی شاخوں سے جھولوں کی قطاریں ختم ہوئیں
دھول اڑنے لگی بازاروں میں، بھوک اگنے لگی کھلیانوں میں
ہر چیز دکانوں سے اٹھ کر، روپوش ہوئی تہ خانوں میں
بد حال گھروں کی بد حالی، بڑھتے بڑھتے جنجال بنی
مہنگائی بن کر کال بنی، ساری بستی کنگال بنی

چرواہیاں رستہ بھول گئیں، پنہاریاں پنگھٹ چھوڑ گئیں
کتنی ہی کنواری ابلائیں، ماں باپ کی چوکھٹ چھوڑ گئیں
افلاس زدہ دہقانوں کے ہل بیل بِکے کھلیان بِکے
جینے کی تمنا کے ہاتھوں، جینے ہی کے سب سامان بِکے
کچھ بھی نہ رہا جب بِکنے کو، جسموں کی تجارت ہونے لگی
خلوت میں بھی جو ممنوع تھی، وہ جلوت میں جسارت ہونے لگی
تصورات کی پرچھائیاں ابھرتی ہیں

In the tumult of martial music, spinning wheel was hushed
Under the scortching wheels of jeeps, flowerbeds were crushed

Value of life was deflated, price of commodities was inflated
Village centres depopulated, recruiting centres were updated
The village youth, sublime in their prime, took to uniform
The trekkers took to tracks, where returning is not a norm
Pride departed from departing knights, as well it might
Mothers parted with youthful sons, brothers from sisters' sight

The community was in deep despair, fairs lost their flavour
From swinging banches of mango trees, swings went out of favour
market place was covered with dust, hunger sprouted from land and firth
Commodities undermined from shops, went underground from hearth
Depeleted household strength decreased, insecurity instead increased
Shortages spawned famine to haunt, the whole community was seized

Shepherdesses lost their way, girls abandoned wells in dismay
Countess maidens, disillusioned, left their homes to go astray
Peasants, denuded and deluded, sold their land and implements
In their effort to survive, they sold their survival complements
When nothing was left to sell, bodies were offered for sale
What was forbidden even in seclusion, got exposed in daring detail
Shadows in imagination are emerging in progression

faujoṃ ke bhayānaka baiṇḍa tale, carkhoṃ kī sadāaiṃ ḍūba gaīṃ
jīpoṃ kī sulagatī dhūla tale, phūloṃ kī qabāyeṃ ḍūba gaīṃ

insāna kī qīmata girane lagī, ajanāsa ke bhāo cad̂hane lage
caupāla kī raunaqa ghaṭane lagī, bharatī ke dafātara bad̂hane lage
bastī ke sajīle śokha javāṃ, bana-bana ke sipāhī jāne lage
jisa rāha se kama hī lauṭa sakeṃ, usa rāha pe rāhī jāne lage
ina jāne vāle dastoṃ meṃ, ghairata bhī gaī, barnāī bhī
māoṃ ke javāṃ beṭe bhī gaye, bahanoṃ ke cahīte bhāī bhī

bastī pe udāsī chāne lagī, meloṃ kī bahāreṃ khatma huīṃ
āmoṃ kī lacakatī śākhoṃ se, jhūloṃ kī qatāreṃ khatma huīṃ
dhūla ud̂ane lagī bāzāroṃ meṃ, bhūka lagane lagī khaliyānoṃ meṃ
hara cīza dukānoṃ se uṭha kara, rūpośa huī tahakhānoṃ meṃ
badahāla gharoṃ kī badahālī, bad̂hate-bad̂hate jañjāla banī
meṃhagāī bad̂hakara kāla banī, sārī bastī kaṅgāla banī

caravāhiyāṃ rastā bhūla gaīṃ, panahāriyāṃ panaghaṭa cod̂a gaīṃ
kitanī hī kaṃvārīṃ abalāyeṃ, māṃ-bāpa kī caukhaṭa chaud̂a gaīṃ
ifalāsa-zadā dahaqānoṃ ke hala-baila bike, khaliyāna bike
jīne kī tamannā ke hāthoṃ jīne hī ke saba sāmāna bike
kucha bhī na rahā jaba bikane ko, jismoṃ kī tijārata hone lagi
khilavata meṃ bhī jo mamanūa thī vaha, jalavata meṃ jasārata hone lagī
tasavvurāta kī parachāīyāṃ ubharatī haiṃ

फ़ौजों के भयानक बैंड तले, चर्ख़ों की सदाऐं डूब गईं
जीपों की सुलगती धूल तले, फूलों की क़बायें[1] डूब गईं

इनसान की क़ीमत गिरने लगी, अजनास के भाओ चढ़ने लगे
चौपाल की रौनक़ घटने लगी, भरती के दफ़ातर[2] बढ़ने लगे
बस्ती के सजीले शोख़ जवाँ, बन–बन के सिपाही जाने लगे
जिस राह से कम ही लौट सके, उस राह पे राही जाने लगे
इन जाने वाले दस्तों में, ग़ैरत भी गई, बर्नाई[3] भी
माओं के जवां बेटे भी गये, बहनों के चहीते भाई भी

बस्ती पे उदासी छाने लगी, मेलों की बहारें ख़त्म हुईं
आमों की लचकती शाखों से, झूलों की क़तारें ख़त्म हुईं
धूल उड़ने लगी बाज़ारों में, भूक उगने लगी खलियानों में
हर चीज़ दुकानों से उठ कर, रूपोश हुई तहख़ानों में
बदहाल घरों की बदहाली, बढ़ते–बढ़ते जंजाल बनी
मेंहगाई बढ़कर काल बनी, सारी बस्ती कंगाल बनी

चरवाहियाँ रस्ता भूल गईं, पनहारियाँ पनघट छोड़ गईं
कितनी ही कंवारीं अबलायें, माँ–बाप की चौखट छोड़ गईं
इफ़लास–ज़दा दहक़ानों के[4] हल–बैल बिके, खलियान बिके
जीने की तमन्ना के हाथों जीने ही के सब सामान बिके
कुछ भी न रहा जब बिकने को, जिस्मों की तिजारत होने लगी
ख़िलवत में[5] भी जो ममनूअ[6] थी वह, जलवत[7] में जसारत[8] होने लगी
तसव्वुरात की परछाईयाँ उभरती हैं

---

1. डालियां, 2. फ़ौजियों के दफ़्तर, 3. जवानी, 4. निर्धनता के मारे किसानों के, 5. एकांत में, 6. निषिद्ध, 7. खुले आम, 8. धृष्टता,

تم آ رہی ہو سرِ عام بال بکھرائے
ہزار گنا ملامت کا بار اٹھائے ہوئے
ہوس پرست نگاہوں کی چیرہ دستی سے
بدن کی جھینپتی عریانیاں چھپائے ہوئے
تصورات کی پرچھائیاں ابھرتی ہیں

میں شہر جاکر ہر اک در پہ جھانک آیا ہوں
کسی جگہ مری محنت کا مول مل نہ سکا
ستمگروں کے سیاسی قمار خانے میں
الم نصیب فراست کا مول مل نہ سکا
تصورات کی پرچھائیاں ابھرتی ہیں

تمہارے گھر میں قیامت کا شور برپا ہے
محاذِ جنگ سے ہرکارہ "تار" لایا ہے
کہ جس کا ذکر تمہیں زندگی سے پیارا تھا
وہ بھائی نرغۂ دشمن میں کام آیا ہے
تصورات کی پرچھائیاں ابھرتی ہیں

ہر ایک گام پہ بدنامیوں کا جمگھٹ ہے
ہر ایک موڑ پہ رسوائیوں کے میلے ہیں
نہ دوستی، نہ تکلف، نہ دلبری، نہ خلوص
کسی کا کوئی نہیں، آج سب اکیلے ہیں
تصورات کی پرچھائیاں ابھرتی ہیں

You are coming, unbecoming, with your tresses abseiling
With a thousand fingers pointing, poignent, unavailing
Fending off lustful eyes, offending and unfailing
Covering the body's bare spots, bashfully entailing
Shadows in imagination are emerging in progression

I have gone everywhere and knocked at every door
I could'nt find for my labour's suitable recompense
In the political calculus of those in authority
None could for my dogged intellect made any sense
Shadows in imagination are emerging in progression

From your home, wailing and crying reach high in heaven
From the battlefront has come an unpleasant message
That the one, second to none, you loved in your life
Has, by the action of enemy, found a higher passage
Shadows in imagination are emerging in progression

At every step, slur and stigma abound
At every turn, indignity and infamy surround
No friendliness, no kindliness, no loveliness, no liveliness
Everyone today alone, on one's own, is found
Shadows in imagination are emerging in progression

tuma ā rahī ho sare-āma bāla bikharāye huye
hazāroṃ gunā malāmata kā bāra uṭhāye hue
havasa-prasta nigāhoṃ kī cīrā-dastī se
badana kī jhempatī uriyāniyāṃ chipāe hue
tasavvurāta kī parachāīyāṃ ubharatī haiṃ

maiṃ śahara jāke hara ika dara me jhāṅka āyā hūṃ
kisī jagaha merī mehanata kā mola mila na sakā
sitamagaroṃ ke siyāsī qamārak̲h̲ānoṃ meṃ
alama-nasība firāsata kā mola mila na sakā
tasuvvurāta kī parachāīyāṃ ubharatī haiṃ

tumhāre ghara meṃ qayāmata kā śora barapā hai
mahāze-jaṅga se harakārā tāra lāyā hai
ki jisakā zikra tumheṃ zindagī se pyārā thā
vaha bhāī narg̲h̲ā-e-duśmana meṃ kāma āyā hai
tasavvurāta kī parachāīyāṃ ubharatī haiṃ

hara eka gāma pe badanāmiyoṃ kā jamaghaṭa hai
hara eka moḓa pe rūsavāiyoṃ ke mele haiṃ
na dostī, na takallufa na dilabarī, na k̲h̲ulūsa
kisī kā koī nahīṃ āja saba akele haiṃ
tasavvurāta kī parachāīyāṃ ubharatī haiṃ

तुम आ रही हो सरे–आम बाल बिखराये हुये
हज़ार गुना मलामत का बार उठाये हुए
हवस–परस्त[1] निगाहों की चीरा–दस्ती से[2]
बदन की झेंपती उरियानियाँ[3] छिपाए हुए
तसुव्वुरात की परछाईयाँ उभरती हैं

मैं शहर जाके हर इक दर पे[4] झाँक आया हूँ
किसी जगह मेरी मेहनत का मोल मिल न सका
सितमगरों के सियासी क़मारख़ाने में[5]
अलम–नसीब फ़िरासत[6] का मोल मिल न सका
तसव्वुरात की परछाईयाँ उभरती हैं

तुम्हारे घर में क़यामत का शोर बरपा है
महाज़े–जंग से[7] हरकारा तार लाया है
कि जिसका ज़िक्र तुम्हें ज़िन्दगी से प्यारा था
वह भाई नर्ग़ा–ए–दुश्मन[8] में काम आया है
तसव्वुरात की परछाईयाँ उभरती हैं

हर एक गाम पे[9] बदनामियों का जमघट है
हर एक मोड़ पे रुसवाइयों के मेले हैं
न दोस्ती, न तकल्लुफ़, न दिलबरी, न ख़ुलूस[10]
किसी का कोई नहीं आज सब अकेले हैं
तसव्वुरात की परछाईयाँ उभरती हैं

---

1. लोलुप, 2. उद्दडता, 3. नग्नताएँ, 4. दरवाजा, 5. जुआख़ाने में, 6. शोक–ग्रस्त विवेक, 7. युद्ध–क्षेत्र से, 8. शत्रु के घेरे में, 9. क़दम, 10. सहृदयता,

وہ رہگزر جو میرے دل کی طرح سونی ہے
نہ جانے تم کو کہاں لے کے جانے والی ہے
تمہیں خرید رہے ہیں ضمیر کے قاتل
افق پہ خونِ تمنائے دل کی لالی ہے
تصورات کی پرچھائیاں ابھرتی ہیں

سورج کے لہو میں لتھری ہوئی وہ شام ہے اب تک یاد مجھے
چاہت کے سنہرے خوابوں کا انجام ہے اب تک یاد مجھے
اس شام مجھے معلوم ہوا کھیتوں کی طرح اس دنیا میں
سہمی ہوئی دوشیزاؤں کی مسکان بھی بیچی جاتی ہے

اس شام مجھے معلوم ہوا اس کار گہے زرداری میں
دو بھولی بھالی روحوں کی پہچان بھی بیچی جاتی ہے
اس شام مجھے معلوم ہوا جب باپ کی کھیتی چھن جائے
ممتا کے سنہرے خوابوں کی انمول نشانی بکتی ہے

اس شام مجھے معلوم ہوا جب بھائی جنگ میں کام آئیں
سرمائے کے قحبہ خانوں میں بہنوں کی جوانی بکتی ہے
سورج کے لہو میں لتھڑی ہوئی وہ شام ہے اب تک یاد مجھے
چاہت کے سنہرے خوابوں کا انجام ہے اب تک یاد مجھے

تم آج ہزاروں میل یہاں سے دور کہیں تنہائی میں
یا بزمِ طرب آرائی میں
میرے سپنے بنتی ہو گی، بیٹھی آغوش پرائی میں

The pathway that is as lonely as my heart
Who knows but where to it may lead you
Assassins of your conscience are to buy you off
On the horizon is in view, your blooded heart's hue
Shadows in imagination are emerging in progression

That twilight I still remember, in blood of sun drenched
That wishful love I still remember, which remained ever unquenched
I realised that evening, that like real estate in real world
Hapeless maidens' virginity is even put on sale

I realised that evening, that in this sadistic world
Two innocent souls' identity is even put on sale
I ralised that evening, that when father's estate is snatched away
Motherhood's golden symbolism, with faculty is put on sale

I realised that evening, that when brothers are war casualties
In the brothels of capitalism, sisters' beauty is put on sale
That twilight I still remember, in the blood of sun drenched
That wishful love I still remember, which remained ever unquenched

A thousand miles away to day, in some solitude
Or in luxurious multitude
You may be dreaming about me, ensconced in a stranger's gratitude

vaha rahaguzara jo mire dila kī taraha sūni hai
na jāne tumako kahāṃ le ke jāne vālī hai
tumheṃ k͟harīda rahe haiṃ zamīra ke qātila
ufaqa pe k͟hūne-tamannāe-adila kī lālī hai
tasavvurāta kī parachāīyāṃ ubharatī haiṃ

sūraja ke lahū meṃ lithaḍī huī vaha śāma hai aba taka yāda mujhe
cāhata ke sunahare k͟havāboṃ kā aṃjāma hai aba taka yāda mujhe
usa śāma mujhe mālūma huā khetoṃ kī taraha isa duniyā meṃ
sahamī huī dośīzāoṃ kī muskāna bhī becī jātī hai

usa śāmā mujha mālūma huā, isa kāra-gahe-zaradārī meṃ
do bholī-bhālī rūhoṃ kī pahacāna bhī becī jātī hai
usa śāma mujhe mālūma huā jaba bāpa kī khetī china jāye
mamatā ke sunahare k͟havāboṃ kī anamola niśānī bikatī hai

usa śāma mujhe mālūma huā, jaba bhāī jaṅga meṃ kāma āyem
saramāe ke qahabāk͟hānoṃ meṃ bahanoṃ kī javānī bikatī hai
sūraja ke lahū meṃ lithaḍī huī vaha śāma hai aba taka yāda mujhe
cāhata ke sunahare k͟havāboṃ kā aṃjāma hai aba taka yāda mujhe

tuma āja hazāroṃ mīla yahāṃ se dūra kahīṃ tanhāī meṃ
yā bazame-taraba-ārāī meṃ
mere sapane bunatī hogī baiṭhī āg͟hośa parāī meṃ

वह रहगुज़र जो मिरे दिल की तरह सूनी है
न जाने तुमको कहां ले के जाने वाली है
तुम्हें ख़रीद रहे हैं ज़मीर के क़ातिल
उफ़क़ पे ख़ूने–तमन्नाए–दिल की[1] लाली है
तसव्वुरात की परछाईयाँ उभरती हैं

सूरज के लहू में लिथड़ी हुई वह शाम है अब तक याद मुझे
चाहत के सुनहरे ख़्वाबों का अंजाम है अब तक याद मुझे
उस शाम मुझे मालूम हुआ खेतों की तरह इस दुनिया में
सहमी हुई दोशीज़ाओं की[2] मुसकान भी बेची जाती है

उस शाम मुझे मालूम हुआ, इस कार–गहे–ज़रदारी में[3]
दो भोली–भाली रूहों की पहचान भी बेची जाती है
उस शाम मुझे मालूम हुआ जब बाप की खेती छिन जाये
ममता के सुनहरे ख़्वाबों की अनमोल निशानी बिकती है

उस शाम मुझे मालूम हुआ, जब भाई जंग में काम आयें
सरमाए के क़हबाख़ाने में[4] बहनों की जवानी बिकती है
सूरज के लहू में लिथड़ी हुई वह शाम हैं अब तक याद मुझे
चाहत के सुनहरे ख़्वाबों का अंजाम है अब तक याद मुझे

तुम आज हज़ारों मील यहाँ से दूर कहीं तनहाई में
या बज़्मे–तरब–आराई में[5]
मेरे सपने बुनती होगी बैठी आग़ोश पराई में

---

1. मनोकामना के रक्त की, 2. तरूण कुमारियों की, 3. पूंजीवाद के कारख़ाने में,
4. वेश्यालय में, 5. आनन्द दायक महफ़िल,

اور میں سینے میں غم لے کر دن رات مشقت کرتا ہوں
جینے کے خاطر مرتا ہوں
اپنے فن کو رسوا کرکے اغیار کا دامن بھرتا ہوں

مجبور ہو تم، مجبور ہوں میں ، مجبور یہ دنیا ساری ہے
تن کا دکھ من پر بھاری ہے
اس دور میں جینے کی قیمت یا دار و رسن یا خواری ہے

میں دار و رسن تک جا نہ سکا ، تم جہد کی حد تک آنہ سکیں
چاہا تو مگر اپنا نہ سکیں
ہم تم دو ایسی روحیں ہیں جو منزلِ تسکیں پا نہ سکیں

جینے کو جیۓ جاتے ہیں، مگر ، سانسوں میں چتائیں جلتی ہیں
خاموش وفائیں جلتی ہیں
سنگین حقائق زاروں میں خوابوں کی ردائیں جلتی ہیں

اور آج جب ان پیڑوں کے تلے دو سائے لہرائے ہیں
پھر دو دل ملنے آئے ہیں
پھر موت کی آندھی اٹھی ہے ، پھر جنگ کے بادل چھائے ہیں

میں سوچ رہا ہوں ان کا بھی ، اپنی ہی طرح انجام نہ ہو
ان کا بھی جنوں ناکام نہ ہو
ان کے بھی مقدر میں لکھی ، اک خون میں لتھڑی شام نہ ہو

سورج کے لہو میں لتھڑی ہوئی وہ شام ہے اب تک یاد مجھے
چاہت کے سنہرے خوابوں کا انجام ہے اب تک یاد مجھے

Here I am with heart on boil, in the midst of daily toil
In order to survive, I broil
Putting at risk artistic skill, I let exploiters despoil

I am helpless, you are helpless, the whole world is helpless
Body overe soul is a problem none-the-less
The choice is either death or honour, in this age of excess

I couldn't face gallows and cordon, you could'nt face challenges dire
Love not withstanding, you couldn't withstand the fire
You and I are a couple of souls, who could'nt get our heart's desire

We somehow exist and subsist, but our life is mill's grist
Our fidelity subjected to a twist
In the realm of reality, our dreams do not persist

And when these trees again, two shadows today are lurking in unison
Again, the two hearts have come for a reunion
Again the raging deadly storm, again the clouds of war envision

I agonise that they are not similarly fated
That their crazy commitment is not frustrated
That they are not destined for their evening to be devastated

That twilight I still remember, in the blood of sun drenched
That wishful love I still remember, which remained ever unquenched

aura maiṃ sine meṃ g̲h̲ama lekara dina-rāta maśakqata karatā hūṃ
jīne kī k̲h̲ātira maratā hūṃ
apane fana ko rūsavā karake ag̲h̲ayāra kā dāmana bharatā hūṃ

majabūra hūṃ maiṃ, majabūra ho tuma, majabūra yaha duniyā sārī hai,
tana kā dukha mana para bhārī hai,
isa daura meṃ jīne kī qīmata yā dāro-rasana yā k̲h̲avārī hai

maiṃ dāro-rasana taka jā na sakā, tuma jahada kī hada taka ā na sakīṃ
cāhā to magara apanā na sakīṃ
hama tuma do aisī rūheṃ haiṃ jo mañzile-taskīṃ pā na sakīṃ

jīne ko jiye jāte haiṃ magara, sāṃsoṃ meṃ citāyeṃ jalatī haiṃ,
k̲h̲āmośa vafāyeṃ jalatī haiṃ,
saṅgīna haqāiqa-zāroṃ meṃ k̲h̲avāboṃ kī ridāeṃ jalatī haiṃ

aura āja ina peḓoṃ ke nīce phira do sāye laharāye haiṃ
phira do dila milane āe haiṃ,
phira mauta kī āṃdhī uṭhī hai, phira jaṅga ke bādala chāye haiṃ

maiṃ soca rahā hūṃ ina kā bhī apanī hī taraha aṃjāma na ho,
ina kā bhī junūṃ badanāma na ho
inake bhī muqaddara meṃ likkhī, ika k̲h̲ūna meṃ lithaḓī śāma na ho

sūraja ke lahū meṃ lithaḓī huī vaha śāma hai aba taka yāda mujhe
cāhata ke sunahare k̲h̲avāboṃ kā aṃjāma hai aba taka yāda mujhe

और मैं सीने में ग़म लेकर दिन–रात मशक़्क़त[1] करता हूँ
जीने की ख़ातिर मरता हूँ
अपने फन को रूसवा करके अग़यार[2] का दामन भरता हूँ

मजबूर हूँ मैं, मजबूर हो तुम, मजबूर यह दुनिया सारी है,
तन का दुख मन पर भारी है,
इस दौर में[3] जीने की क़ीमत या दारो–रसन[4] या ख़्वारी है।

मैं दारो–रसन तक जा न सका, तुम जहद की[5] हद तक आ न सकीं
चाहा तो मगर अपना न सकीं
हम तुम दो ऐसी रूहें हैं जो मंज़िले–तस्कीं[6] पा न सकीं।

जीने को जिये जाते हैं मगर, साँसों में चितायें जलती हैं,
ख़ामोश वफ़ायें जलती हैं,
संगीन हक़ायक़–ज़ारों में[7] ख़्वाबों की रिदाएं[8] जलती हैं।

और आज इन पेड़ों के नीचे फिर दो साये लहराये हैं,
फिर दो दिल मिलने आए हैं,
फिर मौत की आँधी उठी है, फिर जंग के बादल छाये हैं।

मैं सोच रहा हूं इन का भी अपनी ही तरह अंजाम न हो,
इन का भी जुनूँ[9] बदनाम न हो,
इनके भी मुक़द्दर में लिक्खी, इक ख़ून में लिथड़ी शाम न हो।

सूरज के लहू में लिथड़ी हुई वह शाम है अब तक याद मुझे
चाहत के सुनहरे ख़्वाबों का अंजाम है अब तक याद मुझे

---

1. परिश्रम, 2. ग़ैरों का, 3. काल में, 4. सूली, 5. संग्राम, 6. शान्ति की मंज़िल,
7. कठोर वास्तविकताओं के संसार में, 8. चादरें, 9. उन्माद,

ہمارا پیار حوادث کی تاب لا نہ سکا
مگر انہیں تو مرادوں کی رات مل جائے
ہمیں تو کش مکش مرگِ بے امان ہی ملی
انہیں تو جھومتی گاتی حیات مل جائے

بہت دنوں سے ہے یہ مشغلہ سیاست کا
کہ جب جوان ہو بچے، تو قتل ہوجائیں
بہت دنوں سے ہے یہ خبط حکمرانوں کو
کہ دور دراز کے ملکوں میں قحط بو جائیں

بہت دنوں سے جوانی کے خواب ویراں ہیں
بہت دنوں سے محبت پناہ ڈھونڈتی ہے
بہت دنوں سے ستم دیدہ شاہراہوں میں
نگارِ زیست کی عصمت پناہ ڈھونڈتی ہے

چلو کہ آج سبھی پائمال روحوں سے
کہیں کہ اپنے ہر اک زخم کو زباں کرلیں
ہمارا راز ہمارا نہیں سبھی کا ہے
چلو کہ سارے زمانے کو رازداں کرلیں

چلو کہ چل کے سیاسی مقامروں سے کہیں
کہ ہم کو جنگ و جدل کے چلن سے نفرت ہے
جسے لہو کے سوا کوئی رنگ نہ راس آئے
ہمیں حیات کے اس پیرہن سے نفرت ہے
کہو کہ اب کوئی قاتل اگر ادھر آیا
تو ہر قدم پر زمیں تنگ ہوتی جائے گی

Though our love could'nt survive the rigours of adversity
Yet I wish they may get their night of heart's desire
Though we were recipients of our fair share of perversity
How I wish that their lives are dressed in a new attire

It has always been a vogue with the politicians
That children, becoming adults, are sacrificed in strife
It has always been a vogue with that weilding authority
That in the countries far and wide, famine may be rife

Youthfulness, of late, has lost its edge and zest
Loveliness, of late, seeks a refuge in its quest
Fairness of life, of late, in the oppressed environs
Seeks a refuge, so that no one could molest

Come, to all the trampled souls to-day
We say, " give expression to your every sore
Our secret is not a secret any more
Come, let's make it public heretofore"

Come, let's tell manipulators of power politics
That we abhor this jingoistic way of life
What is dyed in the blood of human strife
We abhor that appalling apparel of life
proclaim that if some perpetrator come this way
Then all the way, the land will resist

hamārā pyāra havādisa kī tāba lā na sakā
magara inheṃ to murādoṃ kī rāta mila jāye
hameṃ to kaśmakaśe-marge-beamāṃ hī milī
inheṃ to jhūmatī gātī hayāta mila jāye

bahuta dinoṃ se hai yaha maśg̠halā siyāsata kā,
ki jaba javāna hoṃ bacce to qatla ho jāyeṃ
bahuta dinoṃ se hai yaha k̠habta hukmarānoṃ kā,
ki dūra-dūra ke mulkoṃ meṃ qahata bo jāyeṃ

bahuta dinoṃ se javānī ke k̠havāba vīrāṃ haiṃ
bahuta dinoṃ se mauhabbata panāha ḍhūṇḍhatī hai
bahuta dinoṃ se sitama-didā śāharāhoṃ meṃ
nigāre zīsta kī asmata panāha ḍhūṇḍhatī hai

calo ki āja sabhī pāyamāla rūhoṃ se,
kaheṃ ki apane hara ika zak̠hama ko javāṃ kara leṃ
hamārā rāza hamārā nahīṃ, sabhī kā hai
calo ki sāre zamāne ko rāzadāṃ kara leṃ

calo ki cala ke siyāsī muqāmiroṃ se kaheṃ
ki hama ko jaṅgo-jadala ke calana se nafarata hai
jise lahū ke sivā koī raṅga rāsa na āye,
hameṃ hayāta ke usa pairahana se nafarata hai
kaho ki aba koī qātila agara idhara āyā
to hara qadama pe zamīṃ taṅga hotī jāyegī

हमारा प्यार हवादिस की[1] ताब ला न सका
मगर इन्हें तो मुरादों की रात मिल जाये।
हमें तो कश्मकशे–मर्गे–बेअमाँ[2] ही मिली,
इनहें तो झूमती गाती हयात मिल जाये

बहुत दिनों से है यह मश्ग़ला[3] सियासत का,
कि जब जवान हों बच्चे तो क़त्ल हो जायें।
बहुत दिनों से है यह ख़ब्त[4] हुक्मरानों का,
कि दूर–दूर के मुल्कों में क़हत बो जायें

बहूत दिनों से जवानी के ख़्वाब वीराँ हैं
बहुत दिनों से मौहब्बत पनाह ढूँढती है।
बहुत दिनों से सितम–दीदा शाहराहों में[5],
निगारे ज़ीस्त की अस्मत पनाह ढूँढती है।।

चलो कि आज सभी पायमाल[6] रूहों से,
कहें कि अपने हर इक ज़ख़्म को जवाँ कर लें।
हमारा राज़ हमारा नहीं, सभी का है
चलो कि सारे ज़माने को राज़दां कर लें।।

चलो कि चल के सियासी मुक़ामिरों से[7] कहें
कि हम को जंगो–जदल के चलन से नफ़रत है।
जिसे लहू के सिवा कोई रंग रास न आये,
हमें हयात के[8] उस पैरहन से[9] नफ़रत है।।
कहो कि अब कोई क़ातिल अगर इधर आया,
तो हर क़दम पे ज़मीं तंग होती जायेगी।

---

1. दुर्घटनाओं की, 2. बेपनाह मृत्यु की खींचातानी, 3. मनोविनोद, 4. उन्माद, 5. अत्याचार–पीड़ित रास्तों में, 6. कुचली हुई, 7. राजनीतिक जुएबाज़ों से, 8. जीवन के, 9. लिबास से,

ہر ایک موج ہوا رخ بدل کے جھپٹے گی
ہر ایک شاخ رگِ سنگ ہوتی جائے گی
اٹھو کہ آج ہر اک جنگ جو سے یہ کہہ دیں
کہ ہم کو کام کی خاطر کلوں کی حاجت ہے
ہمیں کسی کی زمیں چھیننے کا شوق نہیں
ہمیں تو اپنی زمیں پر ہلوں کی حاجت ہے

کہو کہ اب کوئی تاجر ادھر کا رخ نہ کرے
اب اس جگہ کوئی کنواری نہ بِکی جائے گی
یہ کھیت جاگ پڑے، اٹھ کھڑی ہوئیں فصلیں
اب اس جگہ کوئی کیاری نہ بِکی جائے گی

یہ سرزمین ہے گوتم اور نانک کی
اس ارض پاک پہ وحشی نہ چل سکیں گے کبھی
ہمارا خون امانت ہے نسلِ نو کے لئے
ہمارے خون پہ لشکر نہ پل سکیں گے کبھی

کہو کہ آج بھی ہم سب اگر خموش رہے
تو اس دمکتے ہوئے خاکداں کی خیر نہیں
جنوں کی ڈھالی ہوئی ایٹمی بلاؤں سے
زمیں کی خیر نہیں، آسماں کی خیر نہیں

گزشتہ جنگ میں گھر ہی جلے مگر اس بار
عجب نہیں کہ یہ تنہائیاں بھی جل جائیں
گزشتہ جنگ میں پیکر جلے مگر اس بار
عجب نہیں کہ یہ پرچھائیاں بھی جل جائیں
تصورات کی پرچھائیاں ابھرتی ہیں

* * *

That every whiff of breeze, will be ill at ease
To harden every branch, so as not to sway
Rise today to say to every war monger
That we are iron mongers to work with our hands
We are not in business of annexing others' lands
We beat our swords into ploughs to till with them our lands

Proclaim that no dealer dare come this way
Here now, no virgin will be put on sale
Fields are awake, crops have a lot at stake
Here now, no verdure, will be put on sale

This is Gautam's land, this is Nanak's land
No brabarics will be allowed to stamp the sacred earth
Our blood is a pledge and a hedge for new progeny
Our blood will not nurture any marauders of our hearth

Proclaim to day that if we all ever remained quiescent
Then this bustling planet will not be quite secure
From the nuclear menace, created by man's madness
This earth is not safe, sky is not insure

Buildings burnt in the past war, but next time around
Whole habitats, for sure, will be fully consumed
living matter burned in the past, but next time around
Shadows even, for sure, will be fully subsumed

Shadows in imagination are emerging in progression !

* * *

hara eka mauje havā rūkha badala ke jhapaṭegī,
hara eka śākha rage-saṅga hotī jāyegī
uṭho ki āja hara ika jaṅgajū se hama kahadeṃ,
ki hamako kāma kī khātira kaloṃ kī hājata hai
hameṃ kisī kī zamīṃ chīnne kā śauqa nahīṃ
hameṃ to apanī zamīṃ para haloṃ kī hājata hai

kaho ki aba koī tājira idhara kā rūkha na kare
aba isa jagaha koī kuṃvārī na becī jāegī
ye kheta jāga paḓe, uṭha khaḓī huī fasaleṃ
aba isa jagaha koī kyārī na becī jāegī

yaha sara zamīna hai gautama kī aura nānaka kī
isa arze-pāka pe vahaśī na cala sakeṅge kabhī
hamārā khūna amānata hai nasle-nau ke lie
hamāre khūna pe laśkara na pala sakeṅge kabhī

kaho ki āja bhī hama saba agara khāmośa rahe
to isa dahakate hue khākadāṃ kī khaira nahīṃ
junūṃ kī ḍhālī huī aiṭamī balāoṃ se
zamīṃ kī khaira nahīṃ, āsamāṃ kī khaira nahīṃ

guziśtā jaṅga meṃ ghara hī jale magara isa bāra
ajaba nahīṃ ki ye tanhāīyāṃ bhī jala jāyeṃ
guziśtā jaṅga meṃ paikara jale magara isa bāra
ajaba nahīṃ kī parachāīyāṃ bhī jala jāyeṃ

tasavvurāta kī parachāīyāṃ ubharatī haiṃ

* * *

हर एक मौजे हवा[1] रूख़ बदल के झपटेगी,
हर एक शाख़ रगे–संग[2] होती जायेगी।।
उठो कि आज हर इक जंगजू से हम कहदें,
कि हमको काम की ख़ातिर कलों की हाजत[3] है।
हमें किसी की ज़मीं छीनने का शौक़ नहीं,
हमें तो अपनी ज़मीं पर हलों की हाजत है।।

कहो कि अब कोई ताजिर इधर का रूख़ न करे,
अब इस जगह[4] कोई कुँवारी न बेची जाएगी।
ये खेत जाग पड़े, उठ खड़ी हुई फ़सलें,
अब इस जगह कोई क्यारी न बेची जाएगी।।

यह सर ज़मीन है गौतम की और नानक की,
इस अर्ज़े–पाक पे[5] वहशी न चल सकेंगे कभी।
हमारा ख़ून अमानत है नस्ले–नौ के[6] लिए,
हमारे ख़ून पे लश्कर न पल सकेंगे कभी।।

कहो कि आज भी हम सब अगर ख़मोश रहे,
तो इस दहकते हुए ख़ाकदाँ की[7] ख़ैर नहीं।
जुनूँ की[8] ढाली हुई ऐटमी बलाओं से,
ज़मीं की ख़ैर नहीं, आसमाँ की ख़ैर नहीं।।

गुज़िश्ता[9] जंग में घर ही जले मगर इस बार,
अजब नहीं की ये तनहाईयाँ भी जल जायें
गुज़िश्ता जंग में पैकर[10] जले मगर इस बार,
अजब नहीं की परछाईयाँ भी जल जायें।।
तसव्वुरात की परछाईयां उभरती हैं!

* * *

---

1. हवा की लहर, 2. पत्थर की रग, 3. आवश्यकता, 4. स्थान, 5. पवित्र भूमी पर, 6. नई पीढ़ी के लिए, 7. धरती की, 8. उन्माद, 9. पिछली 10. शरीर